Jürgen Brück · Annerose Sieck

Naturgesetze des Kochens für Besserwisser

Jürgen Brück · Annerose Sieck

NATURGESETZE DES KOCHENS

für Besserwisser

GONDROM

Jürgen Brück ist als freier Journalist und Autor mit den Schwerpunkten Wissenschaft und Technik sowie Kultur tätig.

Annerose Sieck gründete 1997 gemeinsam mit ihrem Ehemann ein Redaktionsbüro. Als Autorin schreibt sie regelmäßig Beiträge zu den Themen Essen und Trinken sowie zu Ernährungsfragen.

Produktion: twinbooks, München
Umschlaggestaltung: Christine Retz
Umschlagillustration: Norbert Pautner, München
Umschlagfoto: Getty Images, München

Bildnachweis:
Photocase: 94 (Andy Stafiniak); Stefanie Zehender: 96; Alno AG, Pfullendorf: 108, 144, 146; WMF Württembergische Metallwarenfabrik AG, Geislingen/Steige:148, Ingram: 9, 18, 76, 79, 84; twinbooks, München: 11, 13, 15, 132; Getty Images: 22, 28, 30, 33, 38, 41, 42, 44, 45, 48, 50, 53, 57, 63, 69, 70, 80, 82, 99, 103, 104, 117, 118, 120, 124, 127, 152

003

ISBN-10: 3-8112-2843-9
ISBN-13: 978-3-8112-2843-6

5 4 3 2 1

www.gondrom-verlag.de

Inhalt

7 Die Küche: ein brodelndes Labor

8 Kochen – eine Wissenschaft für sich

9 Was haben Naturwissenschaften mit Kochkunst zu tun?

18 Im Fokus: Fastfood contra Slowfood

20 Wissenschaft trifft Gastronomie

25 Die Entzauberer der Kochkunst

28 Im Fokus: Was Restaurants und Schafsfüße gemeinsam haben

30 Neue Geschmackserlebnisse im Küchenalltag

34 Im Fokus: Erlesenes aus der Welt der Gewürze

37 Was wir essen – die Nahrungsmittelinhaltsstoffe

46 Im Fokus: Lebensmittel-Zusatzstoffe im Überblick

51 Glaube und Aberglaube – Kochmythen auf der Spur

54 Chemischen Vorgängen im Kochtopf auf der Spur

55 Atome und Moleküle – die Bausteine der Lebensmittel

57 Fette und Öle – chemisch betrachtet

60 Im Fokus: Omega-3-Fett im Fisch

62 Zucker und Stärke

66 Erhitzen verwandelt den Zucker

68 Im Fokus: Funktionelle Lebensmittel

70 Proteine, Kollagen und Aspik

74 Im Fokus: Novel Food

76 Einige weitere spannende Reaktionen

79 Blasen und Schäume in der Küchenpraxis

82 Backpulver sorgt für Bläschen

84 Im Fokus: Brotbacken – einst und heute

86 Mit dem Küchenlatein am Ende? Hier hilft Küchenphysik

87 Wissenswertes über Wärme

91 Was der Koch sonst noch über Wärme wissen muss

95 Die Kunst des richtigen Mischens

100 Vom Pökeln und Räuchern

104 Im Fokus: Grundnahrungsmittel Fleisch

106 Vom Trocknen und Frieren

110 Biologie pur: Die Kunst des Kochens und Genießens
111 Vom Schmecken und Riechen
113 Fleisch und Fisch
118 Im Fokus: Sekundäre Pflanzenstoffe – Gesundmacher in unserer Nahrung
120 Milch, Joghurt und Käse
126 Getreide, Mehl und Backwaren
130 Im Fokus: Freie Radikale – reaktionsfreudig und unberechenbar
132 Hefe und andere Pilze
136 Im Fokus: Schadstoffe in der Nahrung

138 Ohne Technik geht es nicht
139 Kleines Zubereitungs-Know-how
142 Im Fokus: Ein bisschen Küchenlatein
145 Wie kann Wärme übertragen werden?
148 Ein Streifzug durch die moderne Küchentechnik

153 Glossar
159 Stichwortverzeichnis

Die Küche: ein brodelndes Labor

Rezeptideen aus aller Welt auf den heimischen Esstisch zu zaubern, ist heute kein Problem mehr. Bücher, Fernsehsendungen, Zeitungen und Zeitschriften bringen uns die Küchen und Essgewohnheiten ferner Länder greifbar nahe. Ganze Bibliotheken an Kochrezepten warten nur darauf, am eigenen Herd fantasievoll kreiert zu werden. Ein Klick ins Internet, und schon sind wir mittendrin – in einer Welt, in der sich alles rund ums Kochen dreht.

Aber sind Sie einmal auf die Idee gekommen, sich am Herd und in der Bratpfanne etwas genauer umzusehen? Haben Sie schon einmal beim Braten eines Fleischstückes darüber sinniert, wann der richtige Zeitpunkt zum Herausnehmen gekommen ist und vor allem: warum ausgerechnet dann? Hinter dem Rühren, Brutzeln und Backen stecken nämlich jede Menge interessante Geheimnisse. Es lohnt sich, ihnen auf die Spur zu kommen. Scheinbar ganz einfache Vorgänge, die jedem routinierten Koch im Alltag automatisch von der Hand gehen und über die man nicht weiter nachdenkt, lassen sich auf spannende Weise wissenschaftlich erklären.

Was geschieht zum Beispiel beim Braten von Fleisch? Warum wird – rührt man Essig, Öl und Eigelb zusammen – eine Mayonnaise daraus? Woran liegt es, dass Hefeteige aufgehen und ihr Volumen vergrößern? Warum wird Eiweiß steif, wenn man es mit Handrührgerät oder Schneebesen schlägt? Und warum macht Gelatine Speisen fest?

Eine Menge Fragen – und hinter diesen Fragen stecken Naturgesetze pur. Ist Ihr Interesse geweckt? Dann kommen Sie mit diesem Buch mit auf eine Reise in das »Labor« Küche. Mit dem entsprechenden Know-how ausgestattet, werden Sie bald perfekte Gerichte zaubern können. Denn nur wer sich genau mit Lebensmitteln und den chemischen Reaktionen beim Kochen, Backen oder Braten auseinander setzt, weiß, ob am Ende des Garprozesses ein schmackhaftes Ergebnis steht.

Kochen – eine Wissenschaft für sich

Für viele ist Kochen ein Buch mit sieben Siegeln. Und so überlassen sie die Küche nur zu gern den Meistern dieses Metiers. Doch die Kochkunst ist keine geheimnisvolle Gabe, die man besitzt oder nicht, sondern das Ergebnis zahlreicher chemischer und physikalischer Prozesse, die man sich genau klar machen kann. Die Küche ähnelt tatsächlich einem »wissenschaftlichen Labor«.

Kochen, braten, backen und dünsten sind Beispiele für angewandte Naturwissenschaft. Es ist interessant und hilfreich, etwas über diese Naturgesetzmäßigkeiten zu erfahren – für alle, die gern am Herd stehen und gelegentlich kreativ experimentieren. Genauso spannend ist es, der Zusammensetzung der Lebensmittel auf den Grund zu gehen. Unsere Nahrung besteht nämlich aus unterschiedlichen chemischen Verbindungen und Stoffgemischen. So kann jeder Hobbykoch von der »Küchenwissenschaft« profitieren ...

Was haben Naturwissenschaften mit Kochkunst zu tun?

Wie es ein Pianist nur selten ohne Kenntnisse der Harmonielehre zu echter Virtuosität bringt, wird auch ein Koch erst dann köstliche Speisen herstellen, wenn er über grundlegende Kenntnisse verfügt. Jedem professionellen Meister am Herd wurden diese Kenntnisse in seiner Ausbildung vermittelt. Was aber tut ein Hobbykoch, wenn der Fisch trocken, das Fleisch trotz der Versicherungen des Metzgers zäh und die Plätzchen steinhart geworden sind? Einige Grundkenntnisse in den Naturwissenschaften können helfen, wo die Erfahrung noch nicht ausreicht und das Rezept zu ungenau war.

Alltägliche Experimente in der Küche

Die Kochkunst ist die Fähigkeit und Technik, aus Nahrungsmitteln schmackhafte und optisch ansprechende Speisen zu machen. Je nach Produkten, die an einem Ort erhältlich sind, unterscheidet sich die Kochkunst. Außerdem wird sie von den regionalen und landestypischen Essgewohnheiten der Menschen beeinflusst.

Die Fähigkeit, schmackhafte Mahlzeiten zuzubereiten, basiert auf naturwissenschaftlichen Erkenntnissen. Um diese zu erhalten, stellt man zuerst Hypothesen auf, die anschließend durch Experimente überprüft werden. Haben sich mehrere Hypothesen als richtig herausgestellt, fasst man sie zu einer Theorie zusammen. Haben Sie die Sache mit dem Kochen schon

Unterschiedliche Essgewohnheiten haben einen wesentlichen Einfluss auf die Kochkunst

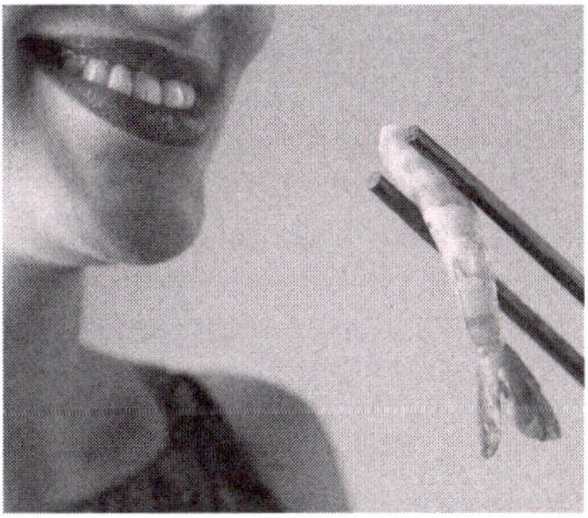

einmal aus dieser Perspektive betrachtet? Und was hat dies alles mit dem alltäglichen Kochen zu tun? Sehr viel, denn normalerweise handeln die meisten, die kochen, naturwissenschaftlich. Sie stellen sich die Frage, ob dieses oder jenes Gewürz zu dieser oder jener Speise passe oder ob der Kuchen vielleicht nicht doch ein bisschen länger im Backofen hätte bleiben müssen. Sicherlich führen auch Sie in Ihrer Küche Experimente durch. So geben Sie beim nächsten Mal ein anderes Gewürz hinzu und stellen fest, dass die Speise besser oder schlechter schmeckt. Oder Sie lassen den Kuchen 10 Minuten länger im Ofen, um dann zu bemerken, 5 Minuten hätten auch gereicht ... Was ist dies anderes, als eine Hypothese zu formulieren, sie mit einem Experiment zu überprüfen und die Ergebnisse zu einer Theorie zusammenzufassen?

FÜR BESSERWISSER

Kochen – ein Stück Kultur

Zum Kochen ist ausschließlich der Mensch fähig. Dadurch unterscheidet er sich von allen anderen Lebewesen. Beim Kochen nutzt der Mensch die Möglichkeiten der Natur und zaubert mit Fantasie und handwerklichem Können ein Stück Kultur. Kochen ist also ein kulturelles Phänomen. Das Wort »Kochen« beschreibt übrigens einerseits die Zubereitung von Speisen und andererseits den Prozess des Siedens: Die Früchte der Natur werden nicht roh, nicht (ausschließlich) im Naturzustand verzehrt, sondern vorher bearbeitet und gegart, eben gekocht.

Kochkunst einst und heute

In der Kochkunst wurde von Anfang an gerne experimentiert. Schon in grauer Vorzeit, als unser Urahn ein loderndes Feuer entfachte, um ein Stück Fleisch zu brutzeln, zeigte sich rasch, dass die Erwärmung nicht nur neue Geschmackserlebnisse lieferte. Vielmehr machte das Braten die Nahrung auch leichter verdaulich und tötete Bakterien ab. Das Fleisch wurde durch den Garprozess bekömmlicher und damit für den Menschen gesünder.

Lange Zeit war die Kochkunst Bestandteil der antiken Heilkunst. Eine damals für gesund erachtete Ernährung folgte der so genannten Viersäftelehre des römischen Arztes Galenus (129 – 200 n. Chr.). Danach kreisen im Körper die vier Flüssigkeiten Blut, Schleim, gelbe und schwarze Galle. Deren Gleichgewicht sollte – um Krankheiten

Der römische Arzt Galenus vertrat im 2. Jahrhundert n. Chr. die so genannte Viersäftelehre

zu verhindern – durch die richtige Ernährung aufrechterhalten werden. Pilze und frische Früchte galten damals als schädlich, weil sie die Balance des Organismus störten. Eine Mischung aus Geflügel, Mehl, Milch und Zucker dagegen garantierte eine ausgeglichene Mahlzeit. Das erste bekannte Kochbuch *De Re Coquinaria* (Von kulinarischen Dingen) soll von dem römischen Feinschmecker Apicius stammen, der Rezepte seiner Zeit sammelte und zudem eigene kreierte. Viele sind lediglich als Dokumentation der kulinarischen Exzesse im kaiserlichen Rom interessant, andere aber haben ihren Reiz bis heute bewahrt: etwa Schinken, der mit getrockneten Feigen, Lorbeerblättern und Honig gegart wird. Der Satiriker Juvenal reduzierte das alte Rom etwas verächtlich auf die Formel »Brot und Spiele«. Dennoch ist Rom die Wiege der europäischen Zivilisation – und der europäischen Küche. Die Römer erfanden Herd und Schnellimbiss. Die meisten Stadtbewohner ernährten sich aus den Garküchen, zumal die beengten und teuren Wohnverhältnisse in den großen Mietshäusern auch aus feuerpolizeilichen Gründen keine Kochstellen erlaubten. Die »Imbissbuden« wurden gepachtet oder von einem Sklaven bewirtschaftet. Die Römer verehrten ihre großen Feinschmecker und Köche. Abgesehen von den legendären Sauzitzen mit Seeigelfüllung oder Nachtigallenzungen erfanden die Zeitgenossen des Lukullus auch die Fischzucht und die Entenstopfleber mit Feigen.

Von »Fressgelagen« und Eintöpfen

Das Mittelalter gilt oft als »dunkle« Epoche der Gewalt und der Not. Eine gnadenlose Zeit, in der das Volk ständig Hunger litt oder sich mit Wasser und Brot begnügen musste, während sich Fürsten und Ritter an endlosen Fress- und Saufgelagen ergötzten. Doch ganz so düster war diese Zeit nicht. Immerhin brachte sie Europa die Medizin, die Algebra und – die Kochkunst. In der Zeit vom 10. bis zum 15. Jahrhundert entdeckten unsere Vorfahren das Prinzip der Trennkost, die regionaltypische Küche entwickelte sich und erste Rezeptsammlungen entstanden. Die Menschen des Mittelalters waren Genüssen keineswegs abgeneigt. Auf den Burgen und Schlössern gab man sich den sinnlichen Freuden des Tafelns hin. Anders sah es in den Häusern der Bauern aus: Mittelpunkt war der Herd, meist eine offene Feuerstelle am Boden oder in einer kleinen Vertiefung in der Mitte des meist einzigen Raumes. Bei einfachen Leuten kamen in der Regel dicke Eintöpfe auf den Tisch, kein gebratenes Fleisch.

Zuckerbackwerk der Medici

Mit der Zeit der Renaissance und den neuen Lebensmitteln, die aus Übersee nach Europa gelangten,

Knigge bei Tisch

Es ist gar nicht so lange her, da saßen unsere Vorfahren noch um eine gemeinsame Schüssel herum und nahmen ihre Happen mit drei Fingern auf. Doch man bemühte sich schon im frühen Mittelalter – zumindest in adeliger Gesellschaft – Benimmregeln bei Tisch einzuführen. Eine der ältesten Schriften in deutscher Sprache zum Verhalten an der Tafel ist *Des Tannhäusers Hofzucht* aus dem 13. Jahrhundert. Ein Blick in den Text verrät, dass Hände und Fingernägel sauber zu halten seien, damit der Griff in die gemeinsame Schüssel bei anderen keinen Ekel hervorrufe. Ebenso sei es unerwünscht, sich während des Essens Kopf oder Kragen zu kratzen, unziemliche Töne von sich zu geben oder ohne vorgehaltene Hand in den Zähnen herumzustochern. Von Essbestecken war zu jener Zeit jedoch noch keine Rede. Die Wurzeln unserer heutigen Tischetikette liegen in der frühen Neuzeit. Zunächst nur unter Adeligen gepflegt, wurde ab dem 15. Jahrhundert auch der Bürger durch zahlreiche Zuchtbücher zum guten Benehmen erzogen. 200 Jahre nach Knigge allerdings scheinen Tischregeln heute schon wieder überflüssig. Die Fastfood-Kultur hat die Finger bei der Nahrungsaufnahme wieder ins Spiel gebracht. Eine Rückentwicklung der Tischetikette sozusagen.

konnten fantasievollere Gerichte als bisher gestaltet werden. Auch die Neukreation bewährter Speisen wurde jetzt möglich. In Europa entwickelte sich auf der italienischen Halbinsel die erste Kochkunst, die diesen Namen wirklich verdient. Die meisten Experten stimmen darin überein, dass die italienische Küche um 1530 bereits eine etablierte Stellung erreicht hatte und zur Ahnherrin aller anderen europäischen Küchen wurde. Die Italienerin Katharina von Medici, die spätere Gattin des französischen Königs Heinrich II., wie auch Katharinas Verwandte Maria Medici, brachten eine Anzahl ausgebildeter Meisterköche aus Florenz mit nach Frankreich. Diese kulinarischen Aristokraten kannten die Geheimnisse der raffiniertesten Kochkunst, die bis dahin entwickelt worden war. Sie meisterten die Zubereitung von Zuckerbackwerk und delikaten Nachspeisen.

Am Hof des Sonnenkönigs Ludwig XIV. wurde die Kochkunst mit großem Aufwand betrieben

»Petits pois« und Brokkoli

Die Medici-Köche bereiteten Gerichte aus heute so vertrauten Gemüsearten wie Artischocken, Brokkoli und jenen winzigen Zuckererbsen, die man heute in aller Welt als »petits pois« kennt. Über Jahrhunderte hinweg wurde nach dieser kulinarischen Pionierleistung der französischen Küche der erste Rang in der gehobenen Gastronomie zugesprochen. Die Prachtentfaltung und der kulinarische Aufwand, die seit Ludwig XIV. am französischen Hof betrieben wurden und die im Bürgertum ihre Fortsetzung fanden (Grande Cuisine), förderte die Entstehung einer verfeinerten Esskultur, die mit großem finanziellen Aufwand betrieben wurde.

Die »moderne« Wissenschaft erobert die Küchen

Um 1650 kam es zu einer radikalen Änderung der Zubereitung von Lebensmitteln – zumindest bei jenen, die es sich leisten konnten. Der Arzt Paracelsus (1493–1541) richtete den Blick auf die stofflichen Vorgänge der Heil- und Kochkunst. An seine Lehren knüpften nicht nur Mediziner, sondern auch Köche an. Der Sinneswandel verhalf Pilzen und Auberginen zu ihrem Recht, verbannte Zucker aber aus den Hauptgerichten ins Dessert. Im 17. und 18. Jahrhundert entwickelte sich in Deutschland dann der städtisch-bürgerliche Kochstil zu seiner vollen Blüte. Sparsamkeit, Ordnungsliebe und Pflichterfüllung waren Tugenden, die auch in die Kochbücher Einzug hielten. Prominente Ärzte und Mitglieder der 1660 gegründeten Royal Society, jener Institution, in der die moderne Wissenschaft vorangetrieben wurde, bekannten sich zu Paracelsus. In der Royal Society wurden neue Instrumente für die Küche ersonnen. Dabei spielten die Gasgesetze eine besondere Rolle, die Robert Boyle (1627–1691) mit seinen Experimenten begründete. So erfand sein Assistent im Jahr 1681 den Dampfdruck-Kochtopf, mit dem Speisen unter Überdruck schneller gar werden. Zur Zeit der Französischen Revolution untersuchte der Chemiker Antoine Lavoisier (1743–1794) die Zusam-

➤ Das erste praxisnahe Kochbuch

Dem ersten großen Kochbuchverfasser der Renaissance, Maestro Martino da Como, gelang ein großer Schritt nach vorn. Sein *Libro de Arte Coquinaria* (Das Buch von der Kochkunst) stellte eine bedeutende Erweiterung des traditionellen Rezeptrepertoires dar. Es enthält ausführliche Erläuterungen über die Zubereitung aller Arten von Fisch sowie Kapitel über Gewürze und Nachspeisen. Der Autor zeigte großes Interesse an der Vervollkommnung von Garmethoden und widmete seine Aufmerksamkeit einer Vielzahl praktischer Dinge. Er achtete sorgfältig auf genaue Mengenangaben und befasste sich mit Küchengerät aller Art, wie auch mit der Präsentation und dem Servieren der Speisen.

Justus von Liebig beschäftigte sich als Erster mit den chemischen Prozessen bei der Zubereitung von Nahrungsmitteln

mensetzung der Lebensmittel und maß beispielsweise die Dichte von Fleischbrühe. So blieb der Fortschritt der Chemie nicht in den Laboratorien, sondern hielt allmählich auch Einzug in die Küchen.

Industrialisierung und Ernährung

Der deutsche Chemiker Justus von Liebig (1803 – 1873) wendete chemische Prinzipien auf die Nahrungsmittelzubereitung an. Man sagt, dass Liebig zwar die Chemie in der Küche entdeckt hat, sie aber sogleich weitgehend in Fabriken verlagerte. Sein berühmter »Fleischextrakt«, den man durch das Auskochen von Fleisch und das Eindicken der Brühe gewann, war ein wichtiger Schritt hin zur gezielten Veränderung von Lebensmitteln in großem Maßstab und damit zur »Nahrungsmittelindustrie«. Der Trend zur industrialisierten Herstellung der Nahrung setzte sich seitdem ungebremst fort. Seit Beginn des 19. Jahrhunderts konnte sich die Kochkunst in Europa in einem Maße entfalten, wie es zuvor aufgrund der begrenzten Aufbewahrungs- und Garmöglichkeiten undenkbar gewesen wäre. Die Erfindung der Konserve durch den

FÜR BESSERWISSER

Erste Konserven – Flaschen

Weil Napoleons Soldaten bei langen Feldzügen Hunger litten, setzte er einen Preis von 12000 Goldfranken für den aus, der Lebensmittel länger haltbar machen konnte. Das Preisgeld gewann der französische Zuckerbäcker Appert, ein Praktiker. Er löste die Aufgabe mit einem neuen Verfahren: dem Sterilisieren von Lebensmitteln in Flaschen. Nach dem Erhitzen wurden die Flaschen luftdicht verschlossen. So blieben Vitamine erhalten, die durch Sauerstoff zerstört worden wären.

französischen Konditor Nicolas Appert (1749–1841), deren industrielle Fertigung sowie ihr Einfluss auf das Alltagsleben wurden zu Meilensteinen in der Geschichte der Kochkunst.

Das Feinste vom Feinsten – die Haute Cuisine

Während des ganzen 19. Jahrhunderts war Frankreichs kulinarischer Einfluss in Europa außerordentlich groß. In den exquisiten Restaurants waren die Speisekarten entweder gänzlich auf Französisch verfasst oder zumindest gespickt mit französischen Ausdrücken. Doch nicht nur die Küchen der internationalen Grandhotels waren vom Geschmack Frankreichs geprägt. Nachdem sich bereits die Aufklärung mit einer genussvollen Ernährung auseinander gesetzt hatte, bildete sich gleich zu Beginn des 19. Jahrhunderts eine besonders verfeinerte, heute als »Haute Cuisine« bezeichnete Kochkultur aus. Zwei große Küchenmeister prägten dieses Jahrhundert: Antonin Carême (1784–1833) und Auguste Escoffier (1847–1935). Letzterer erfand die französische Küche neu und trug sie in die Paläste von ganz Europa. »Der Koch der Kaiser und der Kaiser der Köche«, wie man Escoffier nannte, machte eine glänzende Karriere. Er eröffnete zusammen mit dem großen Schweizer Hotelier Ritz das Hotel Savoy in London. 1928 wurde er zum Ritter der Ehrenlegion ernannt.

FÜR BESSERWISSER

Die Geburtsstunde moderner Restaurants

In Frankreich hatte die Revolution großen Einfluss auf die Entstehung moderner Restaurants: Viele der zuvor bei Adligen und kirchlichen Würdenträgern angestellten Köche machten sich selbständig. Im Laufe des 19. Jahrhunderts verbreitete sich diese Form der öffentlichen Bewirtung in ganz Europa.

Die »Cuisine impromptue«

Im Land der Kultur hat sogar die improvisierte Küche einen edlen Touch. So wird in Frankreich die schnelle Zubereitung von Gerichten nur mit besten Zutaten gepflegt. Die Fische kommen direkt vom Haken oder von zuverlässigen Obst- und Gemüsehändlern auf dem Markt. Entsprechend der Maxime des französischen Gourmetkritikers Brillat-Savarin (nach dem übrigens das exquisite und sehr gehaltvolle Gebäck »Savarin« benannt ist) entstehen sehr gute Gerichte allein mit einfachsten Materialien. Diese müssen allerdings von hoher Qualität sein. Brillat-Savarin würdigt gleichzeitig die reichhaltige regionale Küche der über 30 Provinzen Frankreichs, wenn er sie als »den Teppich« bezeichnet, »auf dem die Haute Cuisine einherschreitet«.

Topfgucken als Wissenschaft

Mittlerweile wissen wir dank der immensen Fortschritte auf dem Gebiet der Naturwissenschaften wie auch der Kochkunst nicht nur über die Zusammensetzung unserer Nahrungsmittel sehr gut Bescheid, sondern auch darüber, wie sie hergestellt werden und was unserem Körper gut tut beziehungsweise ihm schadet. Doch nicht nur das: Durch die jahrelange Forschung der Lebensmittelchemie und der Ernährungwissenschaft ist bekannt, wie durch die Kenntnis naturwissenschaftlicher Gegebenheiten zahlreiche Rezepte verbessert und gesundheitsförderlich und nährstoffschonend zubereitet werden können. Und wer versteht, was wissenschaftlich gesehen in den Töpfen und Pfannen passiert, dem gelingen Soßen, Braten, Fisch und Gemüse einfach schmackhafter, denn: Er kann sich seine Kenntnisse zunutze machen und in seiner Kochpraxis entsprechend umsetzen.

➤ Nur in den besten Restaurants: À la minute

À la minute (»auf die Minute genau«): So wird in der Gastronomie die Zeitplanung für die Zubereitung von Speisen bezeichnet, die genau dann, wenn sie serviert werden sollen, fertig sein müssen. Ziel ist es, verschiedene Gerichte bei Bestellungen »à la carte« gleichzeitig beziehungsweise bei Menüs den Folgegang im richtigen Moment servieren zu können, ohne dass die Qualität durch Warmhalten oder Kaltstellen beeinträchtigt würde. Das Kochen à la minute setzt genügend erfahrene Köche und Kellner voraus und wird deshalb in der Regel nur in gehobenen Restaurants praktiziert.

Fastfood contra Slowfood

Fastfood (englisch = schnelles Essen) ist der moderne Begriff für den guten alten Schnellimbiss. Die Gerichte können ohne großen Aufwand verzehrt werden, sozusagen »im Vorübergehen«. Fastfood ist damit keine neuzeitliche amerikanische Erfindung. Es gab das schnelle Essen überall dort, wo Arbeiter und Reisende fern vom heimischen Herd auf sofortige und kostengünstige Verpflegung angewiesen waren. Pommes frites konnte man in Deutschland schon Mitte des 19. Jahrhunderts auf Wochenmärkten kaufen, und fränkische Bratwürstchen gab es für Hungrige schon um 1134 in der Regensburger »Brotzeithütte«. Erst in jüngster Vergangenheit ist Fastfood zu einem Massenphänomen geworden und hat in vielen Familien das gemeinsame Mittagessen in den Hintergrund gedrängt.

»Burger mit Pommes« ist ein beliebtes Fastfood-Gericht

Klassische Fastfood-Gerichte zeichnen sich durch schnelle Zubereitung und schnellen Verzehr aus. Ohne Besteck und Teller wandert die Speise von der Hand in den Mund. Dazu ist die klassische Bratwurst besonders geeignet, die lange Zeit marktbeherrschend war: vom Grill auf den Pappteller, ein Klecks Senf und ein Toastdreieck dazu – fertig. Zu den typischen Gerichten zählen Burger, Pommes frites, frittiertes Geflügelfleisch, gegrillte Hähnchen, Bockwurst, Pizza, Gyros, Eintöpfe, Frikadellen und belegte Brötchen. Das erste Fastfood-Restaurant eröffnete bereits vor 55 Jahren in Amerika. Den flachen Fleischklops hat aber erst McDonald's weltberühmt gemacht. In 121 Ländern ist der Hamburgerbräter mit dem geschwungenen gelben »M« heute vertreten. Hastig verschlungenes Essen steht übrigens zu Recht im Ruf, der Gesundheit zu schaden. Zum einen braucht der Körper etwa 20 Minuten, bis sich bei einer Mahlzeit das

Sättigungsgefühl einstellt. Zum anderen enthalten viele der angebotenen Speisen zu viel Fett und Salz, dafür zu wenig Vitamine, Ballast- und Mineralstoffe. Die Folgen des ungehemmten Fleischklops-Konsums sind unübersehbar: Immer mehr Kinder sind stark übergewichtig.

Längst hat sich eine Gegenbewegung zum Fastfood-Trend entwickelt, die sich explizit als Alternative zum schnellen Essen versteht: Slowfood! Nur langsam kann man genießen: Das ist der Grundgedanke der Slowfood-Welle. Der italienische Journalist Carlo Petrini rief sie 1986 anlässlich der Eröffnung einer McDonald's-Filiale in der römischen Altstadt ins Leben. Petrini forderte das Recht auf ein verlängertes sinnliches Vergnügen durch langsames Essen. Die Mitglieder der Bewegung veranstalten opulente Menüs, Weinproben und Kochkurse. Sie wenden sich gegen synthetische Zutaten und fantasielose Rezepte. Der Kult ums Essen beginnt bereits bei der genussvollen Zubereitung in der Küche und gipfelt in einer gemütlichen Tafelrunde, zu der ein guter Wein ebenso gehört wie spannende Konversation. Das Logo der Slowfood-Bewegung ist – wie könnte es auch anders sein – eine Schnecke. Mittlerweile ist Slowfood eine weltweite Bewegung und verbindet mehr als 80 000 Menschen in 104 Staaten auf allen Kontinenten. Insgesamt 750 Slowfood-Convivien – so nennt man die regionalen Anlaufstellen der Bewegung – veranstalten Initiativen vor Ort und organisieren ökogastronomische Treffen für ihre Mitglieder. Slowfood fördert eine nachhaltige Landwirtschaft und Fischerei, eine artgerechte Viehzucht, das traditionelle Lebensmittelhandwerk sowie die Erhaltung der regionalen Geschmacksvielfalt. Die italienische Gastro-Bewegung gibt dem Essen die kulturelle Würde zurück und kämpft für die biologische Vielfalt. Eine Tierrasse oder Pflanzenart zu bewahren, bedeutet, die Umwelt und die Zutaten regionaler Kost, schmackhafte Lebensmittel und so Gaumenfreuden zu erhalten.

Wissenschaft trifft Gastronomie

Was passiert eigentlich wissenschaftlich gesehen beim Kochen? Dieser interessanten Frage gehen seit Ende der 1980er Jahre eine Reihe von Wissenschaftlern nach – allesamt echte Feinschmecker mit intensiven gastronomischen Interessen. Die Grundlagen für den neuen Forschungszweig, die so genannte Molekulargastronomie oder kulinarische Physik, legte der Physiker und Vizepräsident der Royal Society Nicholas Kurti mit seinem Aufsatz *The Physicist in the Kitchen*. Von ihm stammt auch der gern zitierte Satz: »Es ist absurd, dass wir über die Temperatur im Zentrum der Sonne mehr wissen als über jene im Inneren eines Soufflés.«

Auch Köche lieben Moleküle

»Mit Schneebesen und Elektronenmikroskop der Kochkunst auf den Grund gehen und den Aberglauben aus der Küche vertreiben.« Die Kunst des Kochens ist nichts als Wissenschaft. Derart sachlich entzaubern Wissenschaftler wie Hervé This derzeit kulinarische Geheimnisse. Wie ein weich gekochtes Ei am besten gelingt, wie Marinaden den Braten verändern und wie sich Sahne am längsten steif hält, sind einige der Fragen, die sie beschäftigen. Scheinbar nebenbei erfinden sie neue Rezepte aus natürlichen Zutaten – etwa warmes Eis. Internationale Starköche zeigen sich begeistert von den Ideen der Forscher und überraschen mit den »Gaumenfreuden aus der Retorte« ihre Gäste. Aber auch Hobbyköche sollen – wenn es nach dem Willen der Gourmet-Wissenschaftler geht – von den molekulargastronomischen Entdeckungen und Erfindungen profitieren.

Der molekulargastronomische Forschungszweig hat sich rasch etabliert: 1992 fand in Sizilien das erste internationale Arbeitstreffen über molekulare und physikalische Gastronomie statt. Die Spitzenköche treffen sich seitdem alle zwei Jahre in der Abgeschiedenheit des Berges Erice auf Sizilien zu einer kulinarischen Konferenz. Die Mehrheit der Teilnehmer steht im Alltag nicht in der Küche, sondern im Labor. Was Physiker, Chemiker und Küchenchefs zusammenbringt, ist eine neue Art zu kochen. Zentral ist dabei die Frage: Wie steigere ich die Gaumenfreuden, wie erreiche ich den kulinarischen Himmel?

Die Gipfeltreffen der Starköche
Experimentierfreudige Spitzenköche stellen mithilfe neuer Kochmethoden und erstklassigem Küchen-Hightech die traditionelle Küche auf den Kopf. Was würden Sie am liebsten probieren? Lakritz auf Lachs? Blumenkohlcarpaccio mit Kakao-Gelee-Würfeln oder Kaviar auf weißer Schokolade? Rezepte, bei denen Liebhaber der althergebrachten Hausmannskost ihr geschmackliches Waterloo erleben dürften. Für eine Gruppe von europäischen Spitzenköchen eröffnen diese kulinarischen Kombinationen jedoch neue Höhenflüge des guten Geschmacks. Die als »junge Wilde« in der etablierten Gastroszene bekannten Chefs Heston Blumenthal mit seinem Sterne-Restaurant »The Fat Duck« in Bray bei London und Ferran Adrià mit seinem Gourmettempel »El Bulli« in der Nähe von Barcelona gehören zu diesen experimentierfreudigen Spitzenköchen.

FÜR BESSERWISSER

Versuchswerkstätten des Geschmacks
14 Jahre nach der Gründung des internationalen Gipfeltreffens der Molekulargastronomen 1992 gibt es erneut Grund zum Feiern: Vor kurzem ist in Kopenhagen die erste Professur für molekulare Gastronomie eingerichtet worden, die Universität in Athen will folgen.

Nouvelle Cuisine in »The Fat Duck«
Für die einen ist der Stil Heston Blumenthals moderne Alchemie, für die anderen ein Quantensprung in der Kochkunst. Wie dem auch sei: Keiner verkörpert den Aufstieg der Chemieküche so wie Heston Blumenthal. Als er 1995 in Bray nordwestlich von London sein Restaurant »The Fat Duck« eröffnete, hatte er gerade einen Monat Kochpraktikum hinter sich. So brütete er eines Tages über dem Dogma der Meisterkochschule, dass zum Erbsengaren das Salz gleich ins kalte Wasser gegeben werden müsse, damit das Gemüse seine grüne Farbe behalte. »Ich machte Versuche und sah, dass es gar nicht stimmt.«

Koch und Physiker

Blumenthal wandte sich an den Physiker Peter Barham, der sich ähnlichen Fragen widmete. Barham bestätigte, dass es keinen Grund dafür gäbe, Erbsen nicht erst nach dem Abschütten des Wassers zu salzen. Der wahre Schuldige für entfärbte Erbsen ist das Kalzium

FÜR BESSERWISSER

Was bewirkt das Milchhäubchen auf dem Kaffee?

Die Luftblasen im Milchhäubchen wirken wie thermische Isolatoren. Die Wärme kann – wie bei Styropor – nicht hindurch. Auf diese Weise bleibt der Kaffee länger warm. Man könnte vermuten, dass dieser Effekt keine große Bedeutung hat. Aber exakte Messungen haben ergeben, dass der Temperaturunterschied nach 20 Minuten 6 °C beträgt. Diese 6 °C entscheiden zwischen gerade noch warm und angenehm warm.

im Kochwasser. Wer leuchtend grünes Gemüse liebt, dem rät Blumenthal, es in destilliertem Wasser zu kochen. Seit dieser Zeit arbeiten Blumenthal und Barham zusammen. In der »Fetten Ente« sammelten sich bald Geräte an, die in der Regel lediglich in gut ausgestatteten Chemielabors zu finden sind: Rotationsverdampfer, Tanks mit flüssigem Stickstoff, Filtrationsmaschinen. Mittlerweile wurde das eher unscheinbare Restaurant mit gerade einmal 45 Sitzplätzen zum »Best Restaurant of the World« gekürt. Bedenkt man, dass die Rangliste von nicht weniger als 600 prominenten Küchenchefs, Restaurantbetreibern und Gastronomiekritikern aus aller Welt erstellt wird, so wird verständlich, was diese Auszeichnung bedeutet!

Ein unvergessliches Mahl ...

Was erwartet Sie im Alchemie-Restaurant? Eines vorweg: Es ist nicht ganz einfach, einen freien Tisch zu bekommen! Sollte Ihnen dies mit viel Geduld gelingen, so müssen Sie beim Blick in die Speisekarte darauf gefasst sein, dass das Vergnügen nicht billig wird. Für das Menü muss der Gourmet rund 140 Euro berappen. Dafür gibt es elf Gänge, darunter Grüntee- und Limettenschaum in Stickstoff, Schneckengrütze mit Jabugoschinken und Fenchel, Mandelgelee und Eiskrem aus Räucherspeck und Eiern. Für den Limettenschaum erscheint der Kellner mit einem Kessel, aus dem flüssiger Stickstoff dampft. In diesen Kessel taucht er einen Löffel mit Limettenschaum, um diesen schockzukühlen. Dies verhindert das Entstehen unerwünschter Kristalle und vor allem: Es versetzt die Gäste stets von neuem in Staunen.

Espresso mal anders

Juan Mari Arzak und Ferran Adrià, spanische Starköche, betrachten das Kochen nicht als Kunst, sondern als Wissenschaft. Der neue Trend gehe in Richtung Forschung und Entwicklung, sagte Arzak auf dem Zweiten Internationalen Gastronomiegipfel in Madrid. Der Baske verwandelte bei einer Demonstration eine Espressomaschine in ein Kochgerät. Damit bereitete er »Garnelen-Espresso« und »Ananas-Kaffee« zu. Sein Kollege Adrià wartete mit »Karottenschaum« und »Melonenkaviar« auf.

Dalís Hexenküche

In Barcelona versucht der »verrückteste Koch auf Erden« seinen Beruf neu zu erfinden – in einer Küche, die ein Labor sein könnte. Adriàs Restaurant an der Costa Brava ist mittlerweile zu einem Wallfahrtsort für Gourmets geworden. Wer dort essen will, muss ein Jahr zuvor eine E-Mail schicken und sich dann für den darauf folgenden Sommer einen Termin geben lassen ...

Auf einem Teller liegen sieben durchsichtige Streifen in knallbunten Farben: Gelb, Rot, Dunkelgrün, Hellgrün, Weiß, Orange, Grün – eine Gemüsegrillplatte, die »parrillada de verduras«. Sie besteht aus warmer Gelatine, und jeder Streifen trägt einen anderen Geschmack: Zwiebel, roter Paprika, grüner Paprika, Staudensellerie, Rettich, Möhre, grüner Spargel. Darüber kommt ein wenig Sonnenblumenöl, mit Holzkohle aromatisiert. Es duftet nach Sommer und Grillen am Strand. Wie die »parrillada« bestehen die Menüs im »El Bulli« aus bis zu 30 häppchengroßen Gängen. Sie werden nicht nur auf Tellern, sondern auch auf Löffeln, in Reagenzgläsern serviert oder auf gefüllte Pipetten gespießt.

Adrià gilt als Dalí der Kochkunst und überrascht immer wieder mit neuen Techniken und Zutaten. Paul Bocuse sagt über ihn: »Er macht die aufregendsten Dinge unseres Berufes.«

Wie muss man Mayonnaise rühren?

Eine der wichtigsten Aufgaben der Molekulargastronomie ist die Überprüfung alter Kochweisheiten. Ein alter Kochmythos schreibt zum Beispiel vor, dass Mayonnaise immer in die gleiche Richtung gerührt werden müsse. »Das ist Unsinn, man kann links oder rechts oder wie auch immer herum rühren, Hauptsache ist, man rührt«, sagt Hervé This, der Vorreiter der neuen Kochkunst. Die Forscher möchten mit den neu gewonnenen Erkenntnissen Neues kreieren. Hervé This bringt das Vorhaben auf den Punkt: »Die Experimente, die wir im Labor machen, haben fünf Ziele. Erstens, Rezepte zu testen und falsche Kochanweisungen zu korrigieren. Zweitens, zu verstehen, was nun eigentlich in den Kochtöpfen passiert. Drittens, die Art und Weise des Kochens an die neuen Erkenntnisse anzupassen, also andere Ingredienzen (Zutaten), veränderte Werkzeuge, bessere Methoden. Viertens, neue Rezepte erfinden. Fünftens, verständlich zu machen, dass man die Chemie nicht hassen darf, wenn man kocht. Denn wer kocht, macht Chemie.«

➤ Die Neue Küche – Nouvelle Cuisine

Paul Bocuse ist als Vater der »Nouvelle Cuisine«, die er selbst stets als »La Cuisine du Marché« bezeichnet, in die Geschichte des Kochens eingegangen. Geschickt verstand es der Franzose, sich Anfang der 1970er Jahre an die Spitze der geistigen Erneuerungsbewegung jener Köche zu setzen, die dem zerkochten Gemüse und dem Mehlschwitzeneinerlei den Kampf angesagt hatten. Der unverfälschte Eigengeschmack der Speisen, exakte Garzeiten, die Berücksichtigung ernährungsphysiologischer Gegebenheiten, die ausschließliche Verwertung frischer Zutaten, die Betonung der regionalen Küche sowie der Verzicht auf schwere Soßen oder Marinaden zu Fleisch und Wild sind die Grundsätze der »Neuen Küche«.

Die Entzauberer der Kochkunst

Die große Mehrheit derer, die tagein, tagaus am heimischen Herd stehen, mag den Kopf schütteln bei dem kulinarischen Aufheben der Gourmet-Wissenschaftler. Perfektionismus ist im Küchenalltag nicht gefragt. Denn vieles macht man schon seit Jahrhunderten so. Warum das althergebrachte Wissen wissenschaftlich unter die Lupe nehmen? Die Antwort liegt auf der Hand: Mit dem Wissen und der Technik von heute kann man einiges besser machen. Für die Entzauberer der Kochkunst, die Molekulargastronomen, gibt es nur noch wenige Geheimnisse.

Der Aufklärer in der Kochkunst: Hervé This

Hervé This ist Wissenschaftsjournalist, Chemiker, Feinschmecker und – nicht zuletzt – leidenschaftlicher Koch. Er lebt in Paris und arbeitet dort hauptberuflich als Chefredakteur der Wissenschaftszeitschrift »Pour la science« (»Für die Wissenschaft«). Daneben lehrt er die Chemie und Physik des Kochens an der landwirtschaftlichen Fakultät der Universität von Tours. Pierre-Gilles de Gennes holte ihn an die renommierteste Adresse der französischen Wissenschaft, das von Franz I. 1530 gegründete Collège de France. Dort können die besten Wissenschaftler Frankreichs in völliger Freiheit ihren Forschungen nachgehen – und die Ergebnisse quasi dem Volk vortragen, denn der Besuch der Vorlesungen ist allen zugänglich. Erklärtes Ziel des Kochwissenschaftlers ist es, noch unbekannte Geheimnisse der Kochkunst zu lüften und der Alltagsküche neuen Schwung zu verleihen. Dies gilt sowohl für die alltägliche Pannenhilfe – zum Beispiel, was zu tun ist, wenn die Sauce hollandaise gerinnt? – als auch für ganz neue, unkonventionelle Rezepte. Eine wesentliche Rolle spielen neue Gerätschaften, die die Küchentechnik bereichern könnten. This will aufklären, und seine gut besuchten Seminare geben ihm Recht. Es geht ihm darum, die Kochkunst vom bloßen Kochbuch-Nachkochen zu emanzipieren. Seit der Molekulargastronom am Collège de France forscht, hat er Hunderte von Rezepten nachgekocht und analysiert – stets auf der Suche nach ihren Geheimnissen beziehungsweise deren physikalischen und chemischen Erklärungen.

Das perfekte Ei

So hat This unter anderem die ideale Temperatur zum Kochen von weichen Eiern ermittelt. Es sind dies 69 °C. Dann wird das Eiweiß nicht zäh, das Eigelb jedoch gerade fest. This erforschte auch, wie man das perfekte Spiegelei brät. Dazu braucht es erstens geklärte Butter. Zweitens darf nur das an das Eigelb angrenzende Eiweiß gesalzen werden, um ein gleichmäßig gegartes Spiegelei zu erhalten. Warum? »Beim Spiegelei erscheinen die Proteinmoleküle wie lange, vielfach gewundene Fäden, deren Struktur durch schwache intramolekulare Bindungen zwischen ihren Atomen bedingt ist. Salz oder Säure begünstigt das Garen von Proteinen in wässriger Lösung, weil ihre elektrisch geladenen Atome, die Ionen, sich zu jenen Proteinatomen hingezogen fühlen, die eine komplementäre Ladung haben. In Anwesenheit dieser Ionen haben es die Proteine leichter, sich zu entfalten, einander anzunähern und sich zu verbinden.« Das heißt: Da die Proteine des dotterfernen Eiweißes eher gerinnen als jene des dotternahen, salzt man eben dieses dotternahe Eiweiß.

Trotz seiner mitunter profanen Methoden ist der französische Feinschmecker, für den laut eigener Aussage der Blätterteig so bedeutend ist wie für andere Forscher der Urknall, in den höchsten Küchenkreisen Frankreichs ein angesehener Mann. Er trifft sich regelmäßig mit Pariser Spitzengastronomen.

FÜR BESSERWISSER

Muss Fleisch weich gekocht werden?

Fleisch ist weich – es muss nicht mehr weich gekocht werden. Durch das Kochen soll das Fleisch vielmehr hart werden. Ungekochtes Fleisch lässt sich sehr schwer kauen, denn es hat die Konsistenz von Kaugummi. Erst wenn es fest oder eben hart ist, können sich die Zähne darin »vergraben«. Aber natürlich soll zähes Fleisch mürbe gekocht werden. Dazu gibt es mehrere Möglichkeiten: durch die Wärmeleitung, die so genannte Konvektion, oder auch durch die Wärmestrahlung – alles Begriffe aus der Physik.

Die Akademie der Künste und Wissenschaften des Geschmacks hat ihm eine Auszeichnung verliehen, und er ist stimmberechtigtes Mitglied der Nationalen Küchenakademie.

Thomas Vilgis und die weiche Materie

Einer der Vorreiter der molekularen Gastronomie in Deutschland ist Thomas Vilgis, Professor der Theoretischen Physik am Mainzer Max-Planck-Institut für Polymerforschung. Es geht dem Mainzer nicht in erster Linie darum, kulinarische Hochgenüsse zu erzeugen. Sein Hauptanliegen ist vielmehr, in der breiten Öffentlichkeit ein besseres Verständnis für naturwissenschaftliche Vorgänge in der Küche zu schaffen. Üblicherweise sitzt Vilgis als Physiker am Schreibtisch und brütet über Molekülmodellen. Wenn er den Bleistift gegen den Kochlöffel tauscht, nutzt er das vor allem, um aktuelle Trends in der Erforschung so genannter weicher Materie verständlich zu erklären. Zu den interessanten Objekten, die er untersucht, gehören unter anderem Polymere, also die Verbindungen sehr großer Moleküle, und Gele. »Alles, was wir essen, ist weiche Materie«, sagt der habilitierte Physiker. Er will herausfinden, wie sich Nahrungsrohstoffe bei der Zubereitung verändern. So deutet er auf einen Backofen, und der Laie sieht ein zusammengefallenes Soufflé. Der Fachmann hingegen erkennt »ein kollabiertes Netzwerk aus Albumin-Proteinen«. Das hört sich sehr kompliziert an ... Doch »es ist nicht nur interessant, sondern auch ganz praktisch, etwas über Physik in der Küche zu erfahren – jedenfalls für diejenigen, die gerne kochen und auch gelegentlich kreativ experimentieren«, meint Thomas Vilgis.

Praktischer Nutzen

Wenn Sie schon einmal Zucker karamellisiert haben, wissen Sie, wie haarscharf die weitere Verarbeitung danebengehen kann, weil die Masse schnell die richtige Konsistenz verliert und zu hart wird: Wenn Sie jedoch darüber Bescheid wissen, dass Zucker bei 170 °C schon teilweise erweicht, dann gehen Sie je nach Rezept nur bis zu einer Temperatur von 170 °C oder darüber, um mit dem Zucker bestimmte Dinge anzustellen.

Was Restaurants und Schafsfüße

Das Essen im Restaurant hat eine lange Tradition – zurück bis in die Antike

Die ältesten, heute noch bekannten Restaurants gab es im Römischen Reich. In Pompeji wurden über 120 dieser »Genusstempel« gezählt. Sie hatten meist einen Tresen zur Straße hin, an dem Imbisse verkauft wurden, und ein oder mehrere Esszimmer. In den einfacheren Geschäften saßen die Gäste auf Stühlen, die größeren waren mit Liegen und Fresken ausgestattet, ähnlich privaten Speisezimmern. Für Ehefrauen und Töchter waren Restaurants allerdings tabu.

In Europa gab es seit dem Römischen Reich Gasthäuser, die vor allem von Reisenden notgedrungen besucht wurden. Gegessen wurde, was auf den gemeinschaftlichen Tisch kam, die Qualität war meist sehr einfach. Im 16. Jahrhundert begannen englische Inns und Tavernen zu festgelegten Zeiten ein Tagesgericht anzubieten. Zwei sehr bekannte dieser »ordinairies« waren das »Castle« und »Lloyd's«, ein Treffpunkt von Kaufleuten. Im 17. Jahrhundert wurden daraus Clubs, Spielsalons und Zentren von intensiven politischen Debatten und Aktivitäten, bis diese öffentlichen Speise- und Debattierstätten 1675 geschlossen wurden. Bis ins frühe 18. Jahrhundert aß man in Paris öffentlich nur in Gasthöfen und in den Läden von »traiteurs« (Speisewirten). In den Gasthöfen saßen die Übernachtungsgäste mit am Tisch des Gastherrn. Man aß zu einer bestimmten Zeit das Tagesgericht und zahlte einen Einheitspreis. Die »traiteurs« verkauften hauptsächlich Fleisch, Ragouts und Pâtisserie an der Straße, Speisen also, die man mit Holzfeuer, ohne Möglichkeit einer genauen Kontrolle der Temperatur, zubereiten konnte.

Der Name »Restaurant« wurde erstmals 1765 in Paris benutzt. Ein

gemeinsam haben

Suppenverkäufer namens Boulanger verkaufte Schafsfüße in weißer Sauce. Er nannte seine Suppen »restaurants«, weil man mit ihnen »seine Körperkraft wiederherstellen« konnte (französisch »restaurer« = erneuern). In Boulangers bescheidenem Restaurant konnte man erstmals zu einer Zeit eigener Wahl innerhalb der Öffnungszeiten aus einer Anzahl von Speisen eine individuelle Auswahl treffen (à la carte) und eine Rechnung (l'addition), die die Preise der einzelnen Speisen addierte, begleichen.

1782 eröffnete mit »La Grande Taverne de Londres« schließlich ein erstes Luxusrestaurant in Paris. Der Besitzer Antoine Beauvilliers avancierte bald zur gastronomischen Autorität. 1814 schrieb er das Buch *L'Art du cuisinier* (Die Kunst des Kochens), ein Standardwerk der französischen Kochkunst. Nach den Befreiungskriegen Napoleons 1812/13 wurde das Bistro »erfunden«. Die Pariser Gastronomen boten den hungrigen russischen Kosaken, die 1814 Paris besetzt hatten und in der Stadt verblieben waren, geschäftstüchtig eine günstige kleine Mahlzeit an. Das russische Wort »bystro« bedeutet »schnell«. Heutzutage ist dieses Konzept in Speisegaststätten aller Preislagen selbstverständlich.

In der napoleonischen Ära zu Beginn des 19. Jahrhunderts existierten in Paris bereits mehrere Restaurants mit ausführlicher Speisekarte. Im »Véry« wurden ein Dutzend Suppen, zwei Dutzend Fischgerichte, 15 Fleischgerichte und viele Beilagen angeboten. Der französische Romancier Honoré de Balzac soll im »Véry« regelmäßig Muscheln, Suppen und Fleisch verspeist haben. Gegen Ende des Jahrhunderts etablierte sich das »Café Foy«, in dem der berühmte Komponist Giacomo Rossini verkehrte.

Im 19. Jahrhundert wurden Hotelrestaurants üblich, seit Mitte des 20. Jahrhunderts dominierten bereits Restaurantketten die Städte: mit meist identischer Speisekarte oder als Schnellrestaurants mit Selbstbedienung wie McDonald's.

Neue Geschmackserlebnisse im Küchenalltag

Die Meister in Sachen kulinarischer Physik sind in ihren Laboren intensiv auf der Suche danach, Rezepte zu verbessern oder neue zu kreieren. Vieles von dem, was routinemäßig in unserer Alltags- oder Festtagsküche abläuft, kann mit kleinen Tricks und Tipps vereinfacht und optimiert werden. Auch wenn vieles noch unerforscht ist – die Naturwissenschaftler haben da schon einige Vorschläge parat.

Knusprig-zarte Festtagsgans

Der französische Molekulargastronom This sucht nach den besten Methoden für einen saftigen, zarten und aromatischen Festtagsbraten. Eine Gans muss – so der »Meister der Molekulargastronomie« – scharf angebraten werden. Bei Temperaturen über 140 °C werden die Membranen der Muskelzellen an der Oberfläche zerstört. Auf diese Weise verbinden sich die Zuckermoleküle mit Eiweißen zur leckeren braunen Kruste. Nebenbei spalten sich zahlreiche flüchtige Aromastoffe ab, die dem Braten den typischen Geschmack geben. Doch Vorsicht: Ab 200 °C verkohlt das Fleisch nur noch. Die Garzeit des Bratens im Ofen sollte man möglichst kurz halten. Dann bleibt das Fleisch saftig. Zu früh darf die Gans allerdings auch nicht aus dem Ofen. Die Eiweiße des Bindegewebes, die das Fleisch zäh machen, lösen sich nämlich erst nach längerer Zeit auf. Bei Temperaturen von mindestens 70 °C zerfällt das Eiweißgeflecht aus Kollagenfasern

Einen Gänsebraten schmackhaft zuzubreiten, ist eine Kunst – physikalisches Wissen kann dabei von Nutzen sein

in gut essbare Gelatinemoleküle. Diese durchziehen das Fleisch mit einem dichten Netz, das die Flüssigkeit zurückhält: Der Braten wird saftig und »zergeht auf der Zunge«. Diesen Prozess beschleunigt der Molekulargastronom mit Kollagen zersetzenden Säften aus Papaya und Ananas. Schon die Ureinwohner Mexikos wickelten ihr Fleisch in Papayablätter. Doch die Marinaden und Obstsäfte dringen nur langsam in das Bindegewebe ein. This hilft mit dem »Mediziner-Trick« nach: Er spritzt mit einer Injektionsnadel Ananassaft direkt in das Innere der Weihnachtsgans, bevor er sie in den Backofen schiebt.

FÜR BESSERWISSER

Schweinebraten mit Ananassaft

Ein Schweinebraten soll es sein. Aber bitte ohne die lästigen Kollagenfasern, die zwischen den Zähnen hängen bleiben. Kein Problem: In den noch rohen Schweinebraten wird mit einer Spritze Ananassaft injiziert. Nach einer kurzen Ruhezeit wird der Braten im Ofen gegart. Der Trick: Die in der Ananas enthaltenen Enzyme wirken proteolytisch, das heißt sie bauen zäh machende Proteine ab. Das Fleisch wird zart.

Leuchtend grüner Brokkoli

Gibt man Brokkoli in kochendes Wasser, so zeigt er bereits nach wenigen Sekunden ein kräftigeres Grün. Diese Farbintensivierung entsteht durch die Freisetzung von Gasen aus den Lufttaschen zwischen den Zellen. Leider hält die schöne Farbe nicht an: Nach wenigen Minuten wird das Gemüse blassgrün. Dies zu verhindern, ist kein Problem: Verwenden Sie viel Wasser, geben Sie eine Prise Natron hinzu und kochen Sie den Brokkoli ohne Deckel bei starker Hitze weiter. So bleibt das Gemüse grün. Der Trick: Die frei werdenden Säuren entweichen mit dem Wasserdampf oder werden durch das Natron neutralisiert. So können sie das Magnesium im Chlorophyllmolekül nicht mehr verdrängen, dieser Prozess ist nämlich für das Blasswerden verantwortlich. Der beschriebene Trick funktioniert auch bei anderen grünen Gemüsen.

Mayonnaisen und Vinaigrettes

Wenn man fettige Hände hat, wäscht man das Öl von der Haut mit Seife ab. Erst Seife löst das Fett. Seife hat chemisch die Eigenschaft, Öl in feine Tröpfchen einzupacken. Das Wasser kann diese feinen Tröpfchen dann wegspülen. Wasser und Öltröpfchen sind Gemische, der Fachausdruck ist Emulsion. Nun verwendet man in der Küche natürlich nicht Seife, sondern essbare Emulgatoren, zum Beispiel Eigelb. Der Emulgator (bei der Mayonnaise das Eigelb, bei der Vinaigrette der Senf) umschließt also die Fetttröpfchen. Das ist das Wunder der Mayonnaise.

Schnelles Schlagen!

Je schneller man schlägt, desto kleiner werden die Tröpfchen. Um ein optimales Ergebnis zu erzielen, nehmen Sie am besten einen Pürierstab und ein Gefäß, das den Pürierstab gerade noch umschließt. Auf diese Weise erreichen Sie eine hohe Drehgeschwindigkeit und die Mayonnaise gelingt garantiert. Zuerst kommen die Flüssigkeit (Essig) und der Emulgator ins Gefäß (also Senf oder Eigelb) plus die zusätzlich gewünschten Gewürze. Dann rühren Sie auf höchster Stufe und geben das Öl hinzu. Wenn Sie den Pürierstab einige Male hoch- und herunterbewegen, entstehen ganz feine Tröpfchen. Je feiner die Tröpfchen sind, desto fester wird die Emulsion und desto optimaler gelingt die Mayonnaise oder Vinaigrette. Die beschriebene Technik ist auf jeden Fall einen Versuch wert.

FÜR BESSERWISSER

Osmose macht eine kräftige Bouillon

Beim Auskochen von Fleisch ist der umgekehrte Effekt des Gemüsekochens erwünscht: Das Platzen der Fleischzellen ist hier gewollt, denn dann ergießt sich der wertvolle Zellinhalt ins Kochwasser und macht die Bouillon nahr- und schmackhaft. Das sonst übliche Salzen des Wassers schadet hier dem Geschmack, daher sollten Sie das Wasser beim Aufsetzen des Fleisches nicht salzen.
Das Geheimnis einer guten Bouillon liegt sozusagen in der Osmose.

Wann muss das Salz zum Gemüse?

Sie meinen vielleicht, das Salzen beim Kochen sei eine einfache Möglichkeit, das Gemüse zu würzen und so seinen Geschmack zu verbessern. Diese weit verbreitete Annahme stimmt allerdings nicht ganz. Über das Kochwasser kommt nur sehr wenig Salz in die Gemüsezellen. Der beste Zeitpunkt für das Salzen ist beim Servieren des Essens. Wieso? Lösungen haben die

Neigung, sich in ihrer Konzentration auszugleichen. Fachleute nennen das Osmose. Ungelöste Substanzen werden immer dann, wenn man sie lässt, von Stellen hoher Konzentration zu Stellen niedrigerer Konzentration fließen. So ist das auch im gesalzenen Kochwasser. Es findet ein Ausgleich auf beiden Seiten statt. Durch den osmotischen Effekt dringt Wasser ins Gemüse ein und verwässert es im Geschmack, während die im Gemüse vorhandenen Geschmacksstoffe ins Kochwasser fließen.

Die Kunst, ein Steak zu braten

Das A und O ist die Qualität des Fleisches. Abgehangene Rinderfilets oder Rumpsteaks sind ideal zum Kurzbraten. Mindestens 2,5 Zentimeter sollte das Steak dick sein, ein Filet darf ruhig 3–4 Zentimeter Höhe haben. So ergibt sich eine braune Kruste und das Innere bleibt rosig. Nehmen Sie das Fleisch vor dem Braten rechtzeitig aus dem Kühlschrank, damit es zimmerwarm ist. Dann erhitzt sich die Oberfläche in der Pfanne schneller. Um eine gleichmäßige Kruste zu erhalten, kann man das Fleisch einige Zeit vorher auf allen Seiten mit Öl einreiben. Verzichten Sie auf das Klopfen des Fleisches! Dadurch tritt Fleischsaft nach außen und das Steak wird zäh. Salzen Sie stets am Ende des Bratens oder erst, wenn das Fleisch auf dem Teller liegt. Schneiden ist nur beim Rumpsteak erlaubt: Hier schneiden Sie den äußeren Fettrand ein, damit sich das darunter liegende Bindegewebe beim Braten nicht verzieht. Bevor Sie das abgetrocknete Fleisch in die Pfanne legen, sollte das Fett richtig heiß sein. Nach dem kurzen und scharfen Anbraten auf beiden Seiten reduzieren Sie dann die Hitze zum Garen. So verkohlt die Kruste nicht, aber dem Inneren wird die noch nötige mäßige Wärme zugeführt.

Gebratenes Rindersteak sollte außen braun, innen aber noch zart und rosig sein

Erlesenes aus der Welt der Gewürze

Sie kitzeln den Gaumen, verführen die Sinne – exotische Gewürze verleihen dem Essen den letzten Pfiff. Gewürze waren seit jeher etwas ganz Besonderes. In asiatischen Ländern verwendet man sie schon seit Jahrtausenden, nach Europa kamen sie jedoch erst im Mittelalter. Mit der Entdeckung der Gewürzrouten verloren die Araber das Gewürzmonopol. Holländer, Engländer und Portugiesen stritten fortan um die begehrte Luxusware, regelrechte Gewürzkriege brachen aus. Pfeffer, Safran und Co. wurden bei uns mit Gold aufgewogen – so kostbar waren sie. Sie verfeinerten nicht nur die Speisen, man sprach den exotischen Gewürzen sogar Heilwirkungen zu – das ist heute immer noch der Fall. Gewürze sind ursprünglich naturbelassene Teile einer Pflanzenart, die wegen ihrer edlen Aromen als geschmacksverbessernde Beigabe zum Essen eingesetzt werden. Gewürze können aus Wurzeln, Zwiebeln, Rinden, Blättern, Kräutern, Blüten, Früchten oder Samen gewonnen werden.

Wie alle anderen Säugetiere auch riecht der Mensch mit der Nase und schmeckt mit dem Mund. Die Verarbeitung der Geschmackssignale erfolgt über die Zunge. Auf dem Zungenrücken verfügen wir über Geschmackszellen, die so genannten Papillen. Diese wiederum haben mehrere Tausend Geschmacksknospen, welche die Speise auf ihr Aroma hin analysieren und Geschmackssignale an das Gehirn weiterleiten. Der Mensch nimmt grundsätzlich vier Geschmacksrichtungen über die Zunge wahr: süß, salzig, sauer und bitter. Süßes schmecken wir über die empfindliche Zungenspitze, salzig und sauer nehmen wir an den Zungenrändern war und Bitteres erkennen wir mit dem hinteren Teil der Zunge. Dabei hat die Natur dafür gesorgt, dass die Geschmacksknospen, die uns Bitterkeit signalisieren, rund 10 000 Mal empfindlicher sind als diejenigen, die für die Geschmacksrichtung »süß« zuständig sind. Das macht Sinn: Auf diese Weise können wir nämlich giftige oder ungenießbare Substanzen, die meistens Bitterstoffe enthalten, sehr schnell wahrnehmen und ausspucken.

Geschmack ist eine Frage der Erfahrung. Schon in der Kindheit werden Geschmacksvorlieben geprägt. Die Geschmacksverfeinerung von Speisen, das Würzen, muss wie das Kochen erlernt werden. Warum würzen wir unsere Bratwurst mit Curry? Weshalb schmecken uns Salz und Pfeffer, Thymian und Rosmarin an Fleischgerichten, warum färben wir unseren Risotto mit Safran und weshalb gehört an Bratäpfel und Apfelkuchen Zimt? Der »richtige« Gebrauch und Einsatz von Gewürzen unterliegt auch gesellschaftlichen Konventionen. Doch die Frage der Kombination und Dosierung der Spezereien bleibt individuelle Ermessenssache – die Geschmäcker sind eben verschieden.

In den Zeiten des materiellen Überflusses ist unser Gaumen verwöhnt. Seit langem spielen Gewürze bei unseren Essgewohnheiten eine entscheidende Rolle, und wir sind mit einer Vielzahl fremdländischer Gewürze vertraut. Beim Griechen schmeckt es anders als beim Italiener, die chinesische Küche kennt andere Aromen als die indische, und wir unterscheiden zwischen Fastfood, Slowfood und Gourmetküche – nicht zuletzt wegen der unterschiedlichen, charakteristischen Verfeinerungen der zubereiteten Speisen. Gewürze sind heute buchstäblich in aller Munde. Am bekanntesten – ohne die es selbst in der Alltagsküche nicht geht – sind natürlich Salz und Pfeffer. Kenner und Genießer nutzen auch weißen, grünen und roten Pfeffer – jede Sorte hat einen anderen Geschmack. Auch die Liliengewächse haben es in der abendländischen Küche zu ziemlicher Beliebtheit gebracht: Schnittlauch, Knoblauch, Zwiebel und Porree sind nämlich nichts anderes als deren »Knollen« oder Früchte. Für süße Gerichte und Desserts kommen zum Beispiel Ingwer mit scharf-fruchtigem Geschmack und der Klassiker Vanille zum Einsatz. Die Vanilleschote ist übrigens die Frucht der Orchideensorte Vanilla.

Experimentelle Pommes frites

Da das exquisite Restaurant »The Fat Duck« – man könnte es am Namen nicht unbedingt erkennen – ursprünglich ein Pub war, ist seine Küche eigentlich zu klein für ein Sternerestaurant. Zudem reicht die Gasversorgung nur für einen einzigen Herd. Um hier dennoch für mehr als 40 Gäste gleichzeitig perfekt kochen zu können, war Meisterkoch Blumenthal gezwungen, völlig neue Zubereitungstechniken zu entwickeln. Das gilt auch für ein so weltläufiges Gericht wie Pommes frites, das Blumenthal in seinem Feinschmeckertempel auf die Speisekarte gesetzt hat. Die Zubereitung dieser besonderen Pommes frites ist bei Blumenthal allerdings so aufwändig, dass der Meisterkoch sie nur für ein einziges Gericht anbietet. Wie geht die Zubereitung der berühmten Fritten nun vonstatten? Die verwendeten Kartoffelscheiben sind bereits einmal frittiert und gekocht worden. Sie kommen für einige Minuten in einen Vakuumbehälter. Durch den starken Unterdruck in diesem Behälter sinkt der Dampfpunkt des Wassers, den heißen Kartoffelstücken wird auf diese Weise besonders viel Flüssigkeit entzogen, sie trocknen sozusagen an. Danach werden die Scheiben zwei weitere Male frittiert, einmal bei 180 °C und einmal bei 140 °C. Das qualifizierte Ergebnis dieser aufwendigen Prozedur: die wahrscheinlich besten Fritten der Welt. Sagt man jedenfalls.

➤ Beste Würstchen aus dem großen Topf ...

Beim Kochvorgang lösen sich Salze, Fette und Geschmacksstoffe aus den Würstchen heraus. Dadurch verlieren sie an Geschmack. Wenn das Wasser aber schon gesättigt ist, kann sich nichts mehr herauslösen. In einem großen Topf in der Imbissbude liegen sehr viele Würstchen. Aus jeder löst sich nur wenig heraus. Zu Hause kann man sich mit einem kleinen Trick helfen: Schneiden Sie eine Wurst klein und kochen Sie sie ein paar Minuten in etwas Wasser. Legen Sie die zu kochenden Würste in das Wasser und lassen Sie sie ein paar Minuten ziehen. Das Wasser darf nicht kochen, sonst platzen die Würstchen.

Was wir essen – die Nahrungsmittelinhaltsstoffe

Lebensmittel setzen sich aus einer Kombination unterschiedlicher Nährstoffe zusammen. Alle diese Nährstoffe sind für das »Funktionieren« unseres Körpers wichtig. Das sind Nahrungsbestandteile, ohne deren Zufuhr der Körper bestimmte Stoffwechselvorgänge nicht aufrechterhalten kann. In diese Gruppe von Nährstoffen gehören bestimmte Fettsäuren, bestimmte Bestandteile des Eiweißes (Aminosäuren), Kohlenhydrate sowie alle Vitamine, Mineralstoffe und Spurenelemente.

Lebenswichtige Nährstoffe: Kohlenhydrate, Fette und Proteine

Kohlenhydrate sind die Energielieferanten für unseren Körper. Sie bestehen aus den gleichen Atomen, unterscheiden sich aber durch ihren chemischen Aufbau in Einfachzucker, Zweifachzucker und Vielfachzucker. Stärke, ein Vielfachzucker, muss, um vom Körper aufgenommen werden zu können, erst zu Einfachzucker abgebaut werden. Dies geschieht durch Enzyme. Im Gegensatz zum Einfachzucker, der gleich ins Blut übergeht, liefern stärkehaltige Lebensmittel wie Kartoffeln, Pasta und Hülsenfrüchte dem Körper langfristig Energie. Fett ist ein energiereicher Nährstoff, es bindet und transportiert fettlösliche Vitamine. Unterschieden wird zwischen tierischen und pflanzlichen Fetten sowie zwischen gesättigten und

FÜR BESSERWISSER

Gesunde Ballaststoffe

Zu den Ballaststoffen und den funktionellen Nährstoffen zählen Pflanzenfasern wie Zellulose, Pektin sowie der Holzbestandteil Lignin. Der Verzehr von Ballaststoffen verbessert und reguliert die Verdauung und beugt chronischer Darmträgheit vor. Zudem haben sie Bedeutung für die Verhütung einer Reihe chronischer Darmkrankheiten bis hin zum Dickdarmkrebs sowie für die Senkung überhöhter Cholesterinwerte. Sehr gute Quellen für Ballaststoffe sind Vollkorngetreideprodukte sowie bestimmte Obst- und Gemüsesorten.

ungesättigten Fettsäuren. Der wichtigste Baustoff in der Ernährung ist das Eiweiß. Es enthält wie Kohlenhydrate und Fett die Elemente Kohlenstoff, Wasserstoff und Sauerstoff, zusätzlich aber noch Stickstoff. Bei manchen Arten können Schwefel oder Phosphor hinzukommen. Diese Elemente setzen sich zu Aminosäuren zusammen, den Bausteinen des Lebens.

Vitamine geben Power

Vitamine sind für den Organismus essenzielle Nährstoffe. Bis auf wenige Ausnahmen kann unser Körper sie nicht selbst bilden, sie müssen ihm deshalb mit der Nahrung zugeführt werden. Die Vitamine werden für eine Vielzahl von Stoffwechselprozessen benötigt,

Gemüse enthält zahlreiche für den Menschen lebenswichtige Vitamine und Ballaststoffe

FÜR BESSERWISSER

Vitamine, eine heiße Spur

Erst zu Beginn unseres Jahrhunderts kamen Mediziner durch Erforschung der Mangelerkrankungen den Vitaminen auf die Spur. Der Name »Vitamin« ist eine Zusammensetzung aus »vita« (lateinisch für »Leben«) und »amin«, was auf die chemische Struktur – eine organische Stickstoffverbindung – verweist. Die ersten untersuchten Vitamine waren solche Stickstoffverbindungen; die meisten Vitamine jedoch, die man erst später entdeckte, gehören zu anderen Stoffklassen wie beispielsweise den Säuren.

vor allem als Katalysatoren. Als solche ermöglichen sie bestimmte Reaktionen im Körper. Grundsätzlich sind die fettlöslichen Vitamine A, D, E und K von den wasserlöslichen Vitaminen der B-Gruppe, Niacin, Folsäure, Pantothensäure, Biotin und Vitamin C zu unterscheiden. Fettlösliche Vitamine können im Körper gespeichert werden. Nach einer regelmäßigen und ausreichenden Zufuhr von Vitaminen kann der Körper deshalb einige Zeit auch mit einer geringeren Aufnahme auskommen, weil er sich aus seinen Vorräten bedient. Die meisten wasserlöslichen Vitamine hingegen kann unser Organismus nur wenige Tage entbehren; sie müssen also möglichst regelmäßig zugeführt werden.

Bau- und Reglerstoffe: Mineralien und Spurenelemente
Zu den Mineralien und Spurenelementen zählen die anorganischen Bestandteile der Nahrung, die im Stoffwechsel und für das Wachstum vielerlei Aufgaben erfüllen. Mineralstoffe sind für den Organismus essenziell, er kann sie nicht selbst bilden, sondern muss sie mit der Nahrung aufnehmen. Zu den Mengenelementen gehören Natrium, Kalium, Kalzium, Phosphor und Magnesium. Zu den Spurenelementen zählen Eisen, Zink, Mangan, Kupfer, Selen, Chrom, Molybdän, Kobalt, Jod und Fluor. Diese Spurenelemente sind Bestandteile von Enzymen oder anderen Wirkstoffen im Körper und haben als solche wichtige Funktionen in verschiedenen Bereichen des Stoffwechsels. Die meisten Spurenelemente werden in ausreichender Menge aufgenommen, wenn die Ernährung möglichst vielseitig ist und keine speziellen Erkrankungen vorliegen.

Sekundäre Pflanzenstoffe – Kraftpakete aus der Natur
Es gibt ungefähr 30 000, aber nur 10 000 sind bisher genauer bekannt. Die Rede ist von sekundären

➤ Antioxidanzien – die Besänftiger

Antioxidanzien fangen hochreaktive Teilchen, so genannte freie Radikale (siehe Seite 154), direkt ab und neutralisieren sie, indem sie ihnen ein Elektron abgeben, ohne jedoch selbst zum freien Radikal zu werden. Zu den Antioxidanzien gehören Vitamin C und E sowie sekundäre Pflanzenstoffe wie Bioflavonoide und Karotinoide. Während Vitamin C vor allem im Zellinnern arbeitet, fangen Vitamin E und Karotinoide die freien Radikale schon im Bereich der Zellmembran ab und vernichten sie. Antioxidanzien müssen über die Nahrung zugeführt werden. Antioxidative Enzyme werden dagegen vom menschlichen Organismus selbst gebildet. Wichtige Bausteine dieser Enzyme, wie die Spurenelemente Zink, Selen und Kupfer, werden jedoch auch über die Nahrung aufgenommen.

Pflanzenstoffen. Die Pflanzenstoffe dienen eigentlich der Pflanze selbst. Sie haben zum Beispiel die Aufgabe, diese vor Fraß oder vor den schädlichen Auswirkungen der UV-Strahlung zu schützen. So stammt etwa der bittere Geschmack des Rosenkohls vom Sinigrin, das Schädlingen den Appetit verdirbt. Des Weiteren dienen die sekundären Pflanzenstoffe vielen Gewächsen als eine Art Sonnenmilch: Sie schützen vor den schädlichen Auswirkungen der UV-Strahlung. Auch als Farbstoffe kommen die sekundären Pflanzenstoffe zum Einsatz. Noch vor einigen Jahren galten sekundäre Pflanzenstoffe als giftig. Anfang der 1990er Jahre stellte man allerdings fest, dass sie gesundheitsförderlich sind. So senken die Pflanzenstoffe das Krebsrisiko und wirken antimikrobiell, schützen also vor einem Pilz-, Bakterien- und Virenbefall des Körpers. Außerdem schützen Sie vor freien Radikalen, die gesunde Zellen oxidativ schädigen, und stärken das Immunsystem. Die Gruppe der sekundären Pflanzenstoffe beinhaltet chemisch sehr unterschiedliche Verbindungen, von denen nur ein kleiner Teil erforscht ist. Die wichtigsten Vertreter sind Karotinoide, Phytoöstrogene, Polyphenole, Phytosterine, Saponine, Glukosinolate, Proteaseinhibitoren, Monoterpene, Sulfide und Phytinsäure. Weitere Informationen zu den sekundären Pflanzenstoffen erhalten Sie auf Seite 118.

FÜR BESSERWISSER

Ampelgemüse

Die Deutsche Gesellschaft für Ernährung empfiehlt, fünfmal am Tag Obst und Gemüse zu sich zu nehmen. Da die sekundären Pflanzenstoffe aber nur im Verbund ihre volle Wirksamkeit entfalten können, sollten Sie so oft wie möglich »Ampelgemüse« essen: zum Beispiel einen roten Apfel, eine gelbe Paprika und eine Portion grüne Erbsen. Die Deutsche Gesellschaft für Ernährung empfiehlt, pro Tag mindestens 400 Gramm rohes oder gegartes Gemüse, eine Portion Salat sowie mindestens ein bis zwei Stück Obst zu essen. Wenn Sie das einhalten, kommen Sie automatisch auf fünf Portionen Obst und Gemüse pro Tag.

Flotte Begleiter im Fett: Cholesterin und Lecithin

Neben den schon erwähnten Hauptinhaltsstoffen kommen in den Nahrungsmitteln weitere Inhaltsstoffe vor, die jedoch meist

Frisches Obst und Gemüse darf gern jeden Tag auf dem Speisezettel stehen

nicht zu den Energie liefernden Bestandteilen gezählt werden. Dazu gehört das Cholesterin, ein Fettbegleitstoff, der nur in tierischen Nahrungsmitteln enthalten ist. Cholesterine, auch als Cholesterole bezeichnet, sind hydroaromatische Kohlenwasserstoffe. Cholesterin wird sowohl mit der Nahrung aufgenommen als auch im Körper selbst gebildet, nämlich in der Leber. Es ist ein wichtiger Bestandteil der Zellmembranen. Cholesterin stellt aber auch die Vorstufe der Gallensäuren und Steroidhormone dar. Dazu zählen die Geschlechtshormone Androgene und Östrogene und die Hormone der Nebennierenrinde, vor allem Kortisol und Aldosteron. Im Blut wird Cholesterin wegen seiner schlechten Wasserlöslichkeit an Eiweiß gebunden und erst dann transportiert. Diese Transport-Cholesterine heißen HDL (High Density Lipoprotein) beziehungsweise LDL (Low Density Lipoprotein). Das LDL transportiert Cholesterin von der Leber zu Körpergeweben. Dort wird es gebraucht, um verschiedene Hormone und auch Vitamin D herzustellen. LDL kann Cholesterin auch – ungünstigerweise – im Blut abgeben, wo es sich dann in Form von Arteriosklerose an den Gefäßwänden ablagert. Das geschieht verstärkt, wenn zu viel Cholesterin vorhanden ist, das der Körper nicht verwerten kann. HDL nimmt überschüssiges Cholesterin auf und transportiert es dann von den Geweben zur Leber zurück. HDL kann dabei auch Cholesterin aus arteriosklerotischen Plaques aufnehmen. So verringert es gefährliche Gefäßablagerungen.

Auch Lecithin ist ein Fettbegleitstoff. Lecithin findet sich häufig im Eigelb und in Soja und wird von der Ernährungsindustrie häufig als Emulgator benutzt. Lecithin ist am

Stoffwechsel von Kohlenhydraten und Eiweiß beteiligt. Darüber hinaus wirkt es zusammen mit anderen Substanzen regulierend auf die Durchlässigkeit der Zellwände für bestimmte Stoffe.

Woher kommt das Aroma?

Das Aroma trägt wesentlich zum Genuss unseres Essens bei. Chemisch gesehen bestehen Aromen aus einer Vielzahl von Einzelsubstanzen, den Aromastoffen. Die meisten unserer Lebensmittel wie Obst, Gemüse und Gewürze enthalten natürlicherweise ein breites Spektrum an Aromastoffen. Ein natürliches Aroma kann aus mehreren hundert Einzelsubstanzen bestehen, zum Beispiel setzt sich das Aroma der Erdbeere aus etwa 300 einzelnen Verbindungen zusammen. Auch die Lebensmittelindustrie setzt Aromastoffe ein. Etwa 15 Prozent unserer Lebensmittel sind heute mit Aromen versetzt. Joghurtzubereitungen, Suppen, Fertiggerichte, Süßigkeiten und viele Brausen und Limonaden beispielsweise erhalten so wesentlich ihr geschmackliches Profil. Außerdem lässt sich durch den Zusatz von Aromastoffen ein durch die

Das feine Aroma der Erdbeere setzt sich aus etwa 300 Einzelgeschmacksstoffen zusammen

Verarbeitung bedingter Aromaverlust wieder ausgleichen. Auch diätetische oder kalorienverminderte Lebensmittel werden auf diese Weise geschmacklich verbessert. Aromastoffe müssen für den Verbraucher ausgewiesen werden.

Zusatzstoffe in Hülle und Fülle

Was so genannte Lebensmittelzusatzstoffe sind, ist gesetzlich genauestens umschrieben. Darunter versteht man Substanzen, die in der Nahrung natürlicherweise nicht vorkommen, ihnen aber zugesetzt werden dürfen, um sie schmackhafter, ansehnlicher oder haltbarer zu machen. Zahlreiche Lebensmittel, die heute in jedem Haushalt vorkommen, etwa Fruchtjoghurt und Fertiggerichte, würden ohne Anwendung von Zusatzstoffen (Antioxidanzien, Aromen, Emulgatoren, Verdickungsmittel, Konservierungsmittel, Süßstoffe, Geschmacksverstärker und Farbstoffe) nicht existieren. Zusatzstoffe werden Lebensmitteln bei der Verarbeitung zugesetzt, um deren Beschaffenheit zu beeinflussen oder bestimmte Eigenschaften wie Haltbarkeit, Stabilität oder Farbe zu erzielen. So ersetzen Farbstoffe die bei der Verarbeitung verloren gegangene Farbe. Konservierungsmittel werden beigefügt, um die Lebensmittel vor schädlichen Bakterien und Schimmelpilzen zu schützen. Emulgatoren und Stabilisatoren ersetzen die durch die Fettreduktion verloren gegangene natürliche Sämigkeit einer Speise.

Die bei der Lebensmittelverarbeitung zugelassenen Zusatzstoffe sind in einer Positivliste zusammengefasst. In dieser so genannten E-Liste findet man viele Sub-

➤ Die verschiedenen Gruppen von Aromastoffen

Man unterscheidet sechs verschiedene Gruppen: Natürliche Aromastoffe sind pflanzlichen oder tierischen Ursprungs. So stammt ein natürliches Vanillearoma aus den Vanilleschoten. Naturidentische Aromastoffe werden zwar künstlich hergestellt, sie sind aber chemisch mit den natürlichen Aromastoffen identisch, zum Beispiel Vanillin. Künstliche Aromastoffe kommen in der Natur nicht vor, sie werden synthetisch produziert. Im Gegensatz zu allen anderen Aromastoffen gelten sie als Zusatzstoffe. Derzeit lässt die Aromenverordnung 18 künstliche Aromastoffe zu. Auf der Zutatenliste muss neben dem Hinweis »Aroma« auch der Name genannt sein, zum Beispiel Äthylvanillin. Aromaextrakte werden aus natürlichen Ausgangsstoffen gewonnen. Sie enthalten neben den Aromastoffen noch andere Substanzen, etwa Öl. Ein Beispiel ist das Nelkenöl. Reaktionsaromen entstehen aus verschiedenen Ausgangsstoffen durch Erhitzen, zum Beispiel eine Bratensoße auf pflanzlicher Basis mit typischem Fleischgeschmack. Raucharomen werden aus Rauch gewonnen und verleihen Lebensmitteln typischen Rauchgeschmack.

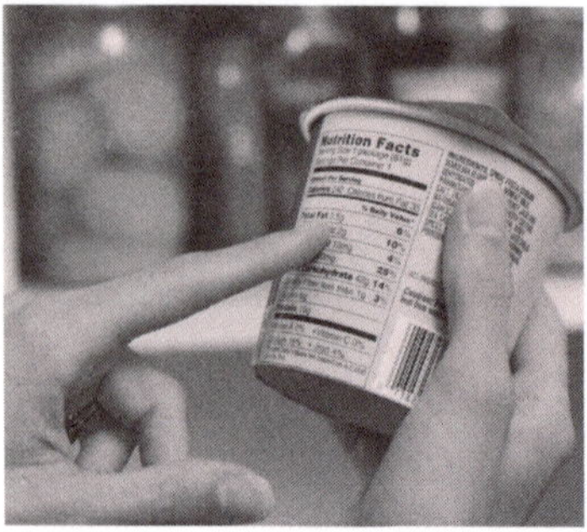

Auf allen industriell gefertigten Nahrungsmitteln müssen Inhalte und Zusatzstoffe genau angegeben sein

stanzen, die natürlicherweise in Lebensmitteln vorkommen, zum Beispiel Karotine (E 160a), Zitronensäure (E 330) oder Pektin (E 440), aber auch Stoffe, die sich nicht in der Natur finden, so zum Beispiel Azofarbstoffe oder die Süßstoffe Aspartam (E 951) und Cyclamat (E 952). Der Grund für die umfangreiche Anwendung von Lebensmittelzusatzstoffen ist die reichhaltige Produktpalette, die wir heute finden. Die modernen »Light-Produkte« wären ohne Süßstoffe oder Emulgatoren kaum denkbar. Die immer beliebter werdenden Fertigprodukte benötigen für ihre Herstellung die verschiedensten Zusatzstoffe wie Konservierungsmittel, Antioxidationsmittel oder Stabilisatoren. Und auch Schmelzkäse kann nicht ohne Schmelzsalze hergestellt werden. Zudem zählen zu den Zusatzstoffen auch noch die Stoffe, die bei der Herstellung benötigt werden, wie zum Beispiel Trennmittel oder Backtriebmittel.

➤ Öko-logisch

Nicht allen Nahrungsmitteln werden Zusatzstoffe zugesetzt. Es gibt kontrollierte Bio-Produkte, die nur aus rückstandsfreien Rohstoffen wie Obst, Gemüse, Milch, Eiern, Getreide und Nüssen bestehen. Diese Lebensmittel stammen aus ökologischer Landwirtschaft, das bedeutet, dass sie ohne chemische Düngemittel oder Pflanzenschutzmittel angebaut und ohne Zusatzstoffe oder Bestrahlung weiterverarbeitet werden. Als Verbraucher erkennen Sie diese Bio-Produkte an folgenden – durch die EU-Öko-Verordnung geschützten – Begriffen: (kontrolliert) Bio-/biologisch, (kontrolliert) Öko-/ökologisch, biologischer/ökologischer Landbau oder biologisch-dynamisch/organisch.

FÜR BESSERWISSER

Was bedeuten die E-Nummern?
E-Nummern bezeichnen Zusatzstoffe für Lebensmittel. Diese sind in normaler Verwendung für den menschlichen Organismus nicht schädlich. Allergische Reaktionen sind aber möglich. Menschen, die unter Allergien leiden, sollten immer die Zusatzstoffliste genau lesen. Die Zusatzstoffe werden dort nach ihrem Gehalt aufgelistet. Bei Aromen, alkoholischen Getränken mit mehr als 1,2 Prozent Alkohol, Honig, Kaffee-Extrakt, Kakaoprodukten und Zucker müssen die Zusatzstoffe nicht angezeigt werden.

Sie ermöglichen oft erst die industrielle Herstellung eines Produkts und wurden früher »technische Hilfsstoffe« genannt.

Milch macht mobil

Kuhmilch enthält Wasser, Kohlenhydrate, Milchfett, Eiweiß, Mineralstoffe (Kalzium, Phosphor, Magnesium, Zink) und Vitamine (B1, B2, B12 und A). Die häufigsten Eiweiße, die etwa 80–90 Prozent der Gesamtproteinmenge ausmachen, sind die Kaseine. Die übrigen Proteine werden auch als Molkenproteine zusammengefasst. Das wichtigste Kohlenhydrat in der Milch ist Laktose, daneben sind Galaktose, Glukose und Spuren anderer Kohlenhydrate enthalten.

Sehr verträglich – Reis

Die meisten Nährstoffe im Reis sind im so genannten Silberhäutchen und im Keimling konzentriert. Reis liefert viele Kohlenhydrate, Ballaststoffe, Vitamine und Mineralstoffe. Eine durchschnittliche Portion Vollkornreis besteht etwa zur Hälfte aus Kohlenhydraten. Er enthält wenig Fett (1–2,2 Prozent) und Eiweiß (7 Prozent). Das Eiweiß von Naturreis ist allerdings sehr

Die Milch macht's: Kuhmilch enthält viele gesunde Bestandteile, zum Beispiel Vitamine und Mineralstoffe

Lebensmittel-Zusatzstoffe

Liest man die Zutatenliste von Nahrungsmitteln, macht sich oft ein mulmiges Gefühl breit: Es wimmelt nur so von Zusatzstoffen wie Konservierungsmitteln, Farbstoffen, Geschmacksverstärkern oder Stabilisatoren. Dazu jede Menge E-Nummern, deren Bedeutung kaum jemand kennt. Was steckt hinter den Bezeichnungen?

Antioxidationsmittel sind Stoffe, welche die Haltbarkeit von Lebensmitteln verlängern, indem sie diese vor der verderblichen Reaktion mit Luftsauerstoff (Oxidation) schützen. So verhindern die Antioxidationsmittel, dass Fette ranzig werden, Farben verblassen (zum Beispiel geschnittene Äpfel braun werden) und Vitamine abgebaut werden.

Backtriebmittel erzeugen Gasbläschen, die den Teig locker machen und das Volumen von Brot, Kuchen und Gebäck vergrößern.

Emulgatoren ermöglichen die stabile Mischung (Dispersion) zweier sonst nicht mischbarer Flüssigkeiten wie beispielsweise von Wasser und Ölen. Emulgatoren stecken in der Margarine, aber auch in Mayonnaisen und Soßen.

Farbstoffe setzt man ein, um Lebensmittel entweder komplett oder oberflächlich zu färben oder um den natürlichen Farbstoff eines Lebensmittels zu ersetzen, falls er durch Kochen und andere Behandlungen verloren gegangen ist. Verwendet werden Farbstoffe hauptsächlich in Süßwaren, Erfrischungsgetränken, Desserts, Speiseeis, Backwaren und Alkoholika.

Farbstabilisatoren erhalten die natürliche Färbung von Lebensmitteln und verhindern unerwünschte Verfärbungen oder Entfärbungen. Besonders wichtig sind Farbstabilisatoren bei Fleischwaren: Hier sorgen sie dafür, dass die rote Fleischfarbe erhalten bleibt.

Festigungsmittel wirken auf Zellgewebe von Obst und Gemüse; sie verhindern, dass Lebensmittel breiig werden. Sie bewahren ihre Konsistenz, ihr appetitliches Aussehen und schützen die Speisen vor dem Auslaugen wertvoller Inhaltsstoffe.

im Überblick

Geliermittel geben Lebensmitteln durch Gelbildung eine verfestigte Form. Außerdem stabilisieren oder steuern sie die natürliche Gelbildung in Lebensmitteln mithilfe von Stärke und Eiweißen.

Geschmacksverstärker sind alle Stoffe, die einen vorhandenen Geschmack verstärken oder hervorheben. Die wichtigsten Geschmacksverstärker sind die Glutamate. Verwendet werden sie in Brühen, Suppen, Soßen, Fertiggerichten, Wurstwaren und Gemüsekonserven. Konservierungsstoffe hemmen das Wachstum von Mikroorganismen wie Schimmelpilzen, Gärungs- und Fäulniserregern und verlängern so die Haltbarkeit von Lebensmitteln.

Säuren und Säuerungsmittel steuern den Säuregrad von Lebensmitteln. Dieser beeinflusst Geschmack und Haltbarkeit.

Stabilisatoren verhindern, dass bestimmte Stoffe sich absetzen. Süßungsmittel verleihen Lebensmitteln einen süßen Geschmack, zum Beispiel Erfrischungsgetränken, Desserts, Speiseeis, Konfitüren oder Senf.

Gase schützen verpackte Lebensmittel vor Sauerstoff oder anderen reaktiven Stoffen, indem sie eine nicht reaktionsfähige Atmosphäre im Verpackungsbehälter schaffen.

Trennmittel verhindern das Ankleben (zum Beispiel Kuchen in der Backform), das Verklumpen (zum Beispiel von Salz) und das Verkleben (zum Beispiel Bonbons) von Nahrungsmitteln.

Überzugsmittel schützen die Oberfläche von Lebensmitteln vor dem Austrocknen und vor Aromaverlusten. Sie geben den Produkten eine fest haftende Schutzhaut, bilden einen hauchdünnen elastischen Oberflächenfilm und sorgen für glänzendes Aussehen. Verwendung finden diese Stoffe bei Äpfeln, Birnen, Pfirsichen, Süßwaren, Schokoladen, Knabbererzeugnissen und Nüssen, aber auch bei Würsten und Käse.

Verdickungsmittel verleihen Lebensmitteln eine sämigere Konsistenz. Verwendet werden Verdickungsmittel in Suppen, Soßen sowie Bäckerei- und Konditoreiprodukten.

hochwertig, da es alle essenziellen Aminosäuren enthält. Naturreis liefert größere Mengen Vitamin B1, B6, Niacin, Biotin, Vitamin E, Magnesium und Mangan. Reis ist glutenfrei und eignet sich daher auch zum Verzehr für Personen, die an Zöliakie, einer Glutenunverträglichkeit, leiden. Die im Reis enthaltenen Proteaseinhibitoren haben eine vor Krebs schützende Wirkung. Aufgrund seines hohen Kalium- und geringen Natriumgehalts wirkt Reis entwässernd.

Erdäpfel sind echte Fitmacher

Kartoffeln enthalten nicht nur Kohlenhydrate, sondern auch die Vitamine Niacin und Vitamin C sowie die Mineralstoffe Kalium, Phosphor, Ballaststoffe, Eiweiß und Fett. Außerdem weisen die Erdäpfel die meisten Vitamine des B-Komplexes (B1, B2, B6) auf. Vitamin B6 steuert den Eiweißstoffwechsel im Körper. In einer durchschnittlichen Portion Kartoffeln sind ungefähr 30 Gramm Kohlenhydrate enthalten. Sie liefern damit von den drei Grundnahrungsmitteln (Reis und Nudeln) am wenigsten Kohlenhydrate, dafür aber die meiste Energie.

Ob mit oder ohne Ei – Nudeln sind nicht nur beliebt, sondern auch gesund

Nudeln – komplexe Angelegenheit

Außer Kohlenhydraten, Eiweiß und Wasser steckt noch so einiges in der Nudel, was dem Körper gut tut – so die Vitamine A, B1, B2 und E, dazu Mineralien wie Kalium, Magnesium und Kalzium, Eisen, Phosphor, Fluor, Linol- und Linolensäure. Nudeln, die es in den unterschiedlichsten Formen gibt, bestehen aus nur wenigen Zutaten: Hartweizengrieß, Wasser und – hier trennen sich die Meinungen – Ei. In Italien gilt das Ei in der Nudel als verpönt, in Deutschland dagegen ist es etwa in 70 Prozent der hier hergestellten Nudeln enthalten. Nudeln machen schnell satt und halten lange vor, das heißt: Sie liefern vor allem Energie in Form von komplexen Kohlenhydraten.

Die Klassiker: Fleisch und Fisch

Fleisch ist aufgrund des Gehaltes an hochwertigem Eiweiß die wichtigste Eiweißquelle neben Fisch und Milchprodukten. Außerdem enthält Fleisch auch Vitamine und Mineralstoffe, wodurch es für uns ein wichtiges, aber kein lebensnotwendiges Nahrungsmittel ist. Die wichtigsten Inhaltsstoffe sind Eiweiß, Vitamine der B-Gruppe, Vitamin A sowie Mineralstoffe wie Eisen, Zink und Selen. Darüber hinaus steckt im Fleisch Wasser, Fett, Cholesterin und Harnsäure.

Fische liefern uns hochwertiges und besonders leicht verdauliches Eiweiß sowie eine Vielzahl an Vitaminen und Mineralstoffen. Der Gesamtfettgehalt der meisten Fische ist relativ niedrig, die wenigen Ausnahmen sind Aal, Hering, Makrele und Lachs. Fischfett ist ein besonderes Fett: Fische enthalten so genannte Omega-3-Fettsäuren (das sind seltene essenzielle, mehrfach ungesättigte Fettsäuren), die eine positive Wirkung auf die Fließeigenschaft des Blutes ausüben, den Blutdruck senken und die Blutfette äußerst günstig beeinflussen. Fisch ist ein wertvoller Eiweißlieferant und enthält alle essenziellen Aminosäuren.

➤ Machen Nudeln glücklich?

Nudeln können glücklich machen. Das heißt biochemisch: einen hohen Serotoninspiegel im Gehirn erzeugen. Serotonin entsteht aus der Vorstufe Tryptophan, einer Aminosäure. Dieses muss aus dem Blutkreislauf ins Gehirn gelangen. Um die so genannte Blut-Hirn-Schranke zu passieren, teilt sich das Tryptophan ein Transportsystem mit anderen Aminosäuren.
Was hat das nun mit der Nudel zu tun? Vieles: Die darin enthaltenen Kohlenhydrate stimulieren die Bauchspeicheldrüse, Insulin auszuschütten. Insulin bewirkt, dass einige Aminosäuren verstärkt von der Muskulatur aufgenommen werden. Der Konkurrenzkampf um das »Shuttle ins Gehirn« lässt nach – es kann mehr Tryptophan transportiert werden. Die Folge: Es wird mehr Serotonin gebildet, und das macht glücklich. Es geht allerdings noch effektiver: Wer so richtig glücklich werden will, sollte Schokolade essen, denn diese enthält Tryptophan selbst ...

Brot, der Muntermacher

Brot ist ein traditionelles Nahrungsmittel, das aus einem Teig aus gemahlenem Getreide (Mehl), Wasser, Salz, Hefe oder Sauerteig sowie weiteren Zutaten gebacken wird. Brot liefert viele Kohlenhydrate und ist deshalb als Energiespender von großer Bedeutung. Als Eiweißquelle wird Brot meist unterschätzt: Es nimmt nach Fleisch allerdings noch vor Milch, Quark und Käse den zweiten Platz bei den Eiweißlieferanten ein. Der Hauptbestandteil des Eiweißes liegt in den Randschichten der Getreidekörner. Daher sind dunkle Brote aus Roggen oder Dinkel, deren Randschichten noch erhalten sind, eiweißreicher als helle Brote oder Gebäck aus Weizenmehl, bei denen die Randschichten durch den Mahlprozess entfernt wurden. Auch Eisen, Vitamine der B-Gruppe und Ballaststoffe machen aus Brot ein rundum gesundes Nahrungsmittel.

Brot liefert dem Körper wichtige Kohlenhydrate und eine ganze Menge Eiweiß

➤ Die Brotkruste

Im April 2002 entdeckten Wissenschaftler, dass beim Zubereiten von Lebensmitteln als Nebenreaktion der Bräunung der Stoff Acrylamid entstehen kann. Diese Substanz wirkt im Tierversuch krebserregend und erbgutschädigend. Erhöhte Gehalte wurden zunächst vor allem in Pommes frites und Kartoffelchips nachgewiesen, aber auch in hoch erhitzten Getreideprodukten – besonders in der Brotkruste. Seitdem gilt die leckere Kruste als ungesund. Doch neuere Studien konnten nachweisen, dass in der Brotkruste auch solche Röststoffe vorkommen, die Krebs vorbeugen können. Die Wissenschaftler fanden bei ihren Testreihen Folgendes heraus: Je mehr dunkle Risse und Riefen eine Brotkruste hat, desto häufiger kommen auch gesundheitsfördernde Stoffe darin vor. Die bräunenden Stoffe wirken antioxidativ und entgiftend.

Glaube und Aberglaube – Kochmythen auf der Spur

Es steht in alten Kochbüchern genauso wie in modernen: Will man eine Suppe kochen, so eine alte Küchenweisheit, soll man das Fleisch in kaltes Wasser geben, denn wenn man es in heißes Wasser legt, »gerinnt« es an der Oberfläche, und der Saft kann nicht mehr austreten. Ist das richtig oder falsch? Um das herauszufinden, wiegen Molekulargastronomen einfach ab. Sie tauchen ein Stück Fleisch in heißes Wasser, ein anderes in kaltes Wasser und stellen beim Abwiegen fest: Es gibt keinen Gewichtsverlust – der heiße Tipp ist also falsch. In der Kochkunst haben sich zahlreiche solcher Ratschläge zweifelhafter Herkunft und abergläubische Techniken eingeschlichen. Was ist dran an diesen Ratschlägen?

Scharf anbraten?

Die berühmteste Irrlehre stammt von dem berühmten deutschen Chemiker Justus von Liebig (1803–1873). Der Forscher verkündete Mitte des 19. Jahrhunderts, dass man Fleisch scharf anbraten müsse, um die Poren zu schließen und so den Saft zurückzuhalten. Diese Erklärung sei falsch, so Stargastronom This: »Wenn Sie ein gebratenes Steak auf den Teller legen, sammelt sich sofort eine kleine Saftlache.« Diese einfache Beobachtung zeige, dass beim Anbraten keine wasserundurchlässige Kruste entsteht. Liebig hat sich

FÜR BESSERWISSER

Alle Zutaten die gleiche Temperatur?

Oft ist der Ratschlag zu hören, dass bei der Zubereitung von Mayonnaise Öl und Ei die gleiche Temperatur haben müssten. Um dies zu prüfen, experimentierte Molekulargastronom This in seinem Pariser Labor. Für seine Mayonnaise nahm er ein eiskaltes Ei, während das Öl Zimmertemperatur hatte. Ansonsten hielt er sich exakt an die Anweisungen aus dem Kochbuch. Der Beweis unter dem Mikroskop brachte die Temperaturvorgabe zu Fall, denn es zeigten sich bereits kleine Bläschen – wie sie bei einer Mayonnaise ja auch entstehen sollen. Der Ratschlag ist also falsch.

offensichtlich geirrt. Nichtsdestotrotz geistert sein Irrtum noch heute durch die Küchen.

Der wahre Grund, warum wir ein Stück Fleisch im heißen Fett anbraten, ist, dass wir ihm zusätzlichen Geschmack verleihen. Beim Kontakt des Fleisches mit dem heißen Fett in der Pfanne findet eine besondere chemische Reaktion statt. Durch diese verändert sich der Geschmack, denn es entstehen viele neue Aromastoffe (siehe Maillard-Reaktion Seite 75). Die so genannte Maillard-Reaktion dauert nur wenige Minuten. Lässt man das Fleisch trotzdem länger in der Pfanne, verändert das vor allem seine Struktur. Sie wird dann stofflich immer vergleichbarer mit Gummi – der Geschmack bleibt auf der Strecke.

Ein weiches Ei in drei Minuten?
Im Sinne wissenschaftlicher Forschung hat sich der Wiener Molekulargastronom und Physiker Werner Gruber der Frage angenommen, wie lange man tatsächlich ein Ei kochen müsse, bis es perfekt weich sei. Großmutters Tipp ist da eher dogmatisch: 3 Minuten gelten als Fixwert. Wer die Hypothese überprüft, wird schnell feststellen, dass dies so nicht stimmt, zumindest aber keiner wissenschaftlichen Überprüfung standhält. Denn es gibt zu viele offene Variablen, die einbezogen werden müssten, zum Beispiel die Größe des Eies. Wer sich nicht an höherer Mathematik versuchen will, dem rät Gruber, sich im Experiment einen Mittelwert zwischen 5 und 6 Minu-

➤ Ein Pülverchen zum Backen

Viel Zeit und Arbeit investierte Justus von Liebig in ein chemisches Gemisch, mit dessen Hilfe man Brot backen konnte, um nicht auf die leicht verderbliche Hefe angewiesen zu sein. Zusammen mit seinem amerikanischen Schüler Eben Norton Horsford (1818–1893) führten diese Experimente zu einem Produkt, das wir heute Backpulver nennen. In Amerika hatte Horsford mit dem »backing powder« finanziellen Erfolg. In Deutschland fand das Backpulver ab 1892 weite Verbreitung, weil August Oetker (1862–1918) das Backpulver nicht nur den Bäckern zum Brotbacken, sondern vor allem den Hausfrauen zum Kuchenbacken empfahl.

FÜR BESSERWISSER

Hart gekocht, aber nicht zu hart

Wird allerdings ein hartes Ei gewünscht, so sollte man eine Kochzeit (gemessen vom Siedepunkt des Wassers) von 10 Minuten nicht überschreiten. Bei längerer Hitzezufuhr zerfallen nämlich bestimmte Proteine, die Schwefelatome enthalten. Dabei wird das übel riechende Gas Schwefelwasserstoff freigesetzt. Das gestockte Eiweiß wird verunreinigt, es stinkt.

ten zu suchen. Die Irrlehre vom 3-Minuten-Ei kommt übrigens aus einer Zeit, als die Eier viel kleiner waren als heute. Für Eier des heute üblichen Handelsformats XL oder XXL wären die dreimal 60 Sekunden auf jeden Fall zu kurz.

Muss man den Braten bei hohen Temperaturen garen?

Jedes Stück Fleisch hat seine eigene Zubereitungsmethode: So wird zum Beispiel ein Steak kurz gebraten, während die Kalbsbrust für gewöhnlich gekocht wird.

Mit der klassischen Garmethode brät man ein Roastbeef erst scharf an und gart es anschließend bei etwa 180 °C im Ofen. Bei Erhitzung beginnen die Eiweiße zu denaturieren. Dabei verändern sie ihre knäuelartige Struktur in eine Netzform – das Fleisch wird fester und verliert seine rote Farbe. Dieser Prozess dauert umso länger, je stärker das Fleisch mit Kollagenen durchsetzt ist. Schon bei etwa 50 °C gerinnt das Muskeleiweiß, während die Kollagene sich erst ab 67 °C allmählich auflösen. Je stärker sie erhitzt werden, desto mehr geben sie von dem in ihnen gebundenen Wasser frei. Es läuft aus und kann eine gute Soße ergeben, das Fleisch wird dabei aber trocken. Die Niedertemperaturköche benutzen eine andere Methode. Üblicherweise arbeiten sie mit Temperaturen zwischen 60 und 80 °C, also in einem Bereich, der für die Auflösung der Kollagene ausreicht.

An der Frage, wie lange ein weiches Ei gekocht werden muss, scheiden sich die Geister der Gourmets

Chemischen Vorgängen im Kochtopf auf der Spur

Alle Lebensmittel, die der Mensch zu sich nimmt, sind aus bestimmten Stoffen aufgebaut. Beim Kochen, Backen, Braten verändern sich diese Stoffe – mit dem gewünschten Effekt, dass eine Suppe wie Suppe und ein Schnitzel wie Schnitzel schmeckt. Doch was ist passiert? Die Vorgänge, die wir in der alltäglichen Küchenpraxis vollziehen, stecken voller naturwissenschaftlicher Geheimnisse – die man lüften kann.

Vor allem die Chemie bietet mit ihren wissenschaftlichen Erkenntnissen die Möglichkeit, das Kochen ein wenig zu »entzaubern« und dabei die Naturgesetzmäßigkeiten bei diesem Routinegeschäft einsichtig zu machen. Ein Streifzug durch die Welt der Atome und Moleküle, der Bausteine aller Materien, der Fette, Öle, Zucker und Schäume liefert so manchen Aha-Effekt. Man könnte sogar noch weiter gehen: Ohne Chemie müsste der Mensch sich nahezu ausschließlich von Rohkost ernähren, denn bei der Verarbeitung von Lebensmitteln spielt die Chemie meist eine entscheidende Rolle. Selbst Küchenmeistern bleibt die verborgene Welt der stofflichen Zusammenhänge oft verborgen.

Atome und Moleküle – die Bausteine der Lebensmittel

Die meisten Vorgänge in der Küche basieren auf chemischen Reaktionen. Wir haben bereits gesehen, dass die Chemie zum Beispiel beim Bräunen von Fleisch ihre Finger ganz gehörig im Spiel hat. Aber was passiert genau bei diesen so ganz alltäglich scheinenden Prozessen? Riskieren Sie einmal einen tiefen Blick in den heimischen Kochtopf ... Ein paar Grundlagen aus den Naturwissenschaften helfen dabei, die kulinarischen Mysterien zu entschlüsseln.

Es zischt und dampft

Chemie ist, wenn es zischt und dampft, womöglich auch noch hin und wieder ein bisschen kracht. Diese oder eine ähnliche Antwort würde bei einer Umfrage zum Thema sicherlich auf einem der vorderen Ränge landen. Dabei beschreibt sie lediglich einen ganz kleinen – wenn auch spektakulären – Ausschnitt aus der Realität. Um verstehen zu können, was chemische Prozesse in der Küche bewirken, müssen wir uns auf eine ganz elementare Ebene begeben, und zwar zu den Atomen und Molekülen, den Grundbausteinen aller Materie. Denn immer dann, wenn bestimmte Atome oder Moleküle miteinander in Kontakt gebracht werden und sich dabei neue Moleküle bilden, spricht man von einer chemischen Reaktion. Diese kann »ganz sanft«, fast im Verborgenen ablaufen oder auch mit einem lauten Knall, die grundlegenden Vorgänge unterscheiden sich aber nicht wesentlich voneinander – und geschehen täglich dutzendfach in unseren Küchen.

Das Atom – nicht nur des Pudels Kern

Bereits die alten Griechen gingen davon aus, dass sich alle Materie aus kleinsten, mit dem bloßen Auge nicht sichtbaren Teilchen zusammensetzt. Da man damals von der Unteilbarkeit dieser Teilchen ausging, erhielten die Atome nach dem griechischen Wort »atomos« (»unteilbar«) ihren Namen. Inzwischen wissen wir, dass die Atome nicht die kleinsten Einheiten darstellen. Sie selbst sind wiederum aus Protonen, Neutronen und Elektronen zusammengesetzt. Diese werden unter dem Begriff »subatomare Teilchen« zusammengefasst und sind ihrerseits wiederum aus jeweils drei so genannten Quarks zusammengesetzt.

Der Aufbau der Atome und der Moleküle

Vom Aufbau her sind alle Atome gleich. Sie bestehen aus einem Atomkern, in dem sich Protonen und Neutronen befinden, und einer Hülle, in der eine bestimmte Anzahl von Elektronen umherschwirrt. Man kann sich ein Atom in einem vereinfachten Modell also ein wenig wie eine Sonne vorstellen, die von verschiedenen Planeten umkreist wird.

Protonen und Elektronen sind elektrisch geladene Teilchen. Die Protonen sind positiv, die Elektronen negativ geladen, Neutronen besitzen – wie der Name vermuten lässt – keine elektrische Ladung. Da Atome nach außen hin elektrisch neutral sind, muss die Anzahl von Protonen und Elektronen gleich sein. An der unterschiedlichen Anzahl von Protonen lassen sich auch die verschiedenen chemischen Elemente unterscheiden.

Entsprechend der Protonenzahl variiert nun natürlich auch die Anzahl der Elektronen in den unterschiedlichen Atomen. In dem eben beschriebenen Modell bewegen sich die Elektronen auf »Umlaufbahnen« um den Atomkern. Man spricht in diesem Zusammenhang auch von Schalen. Diese Schalen haben die Eigenart, dass sie immer nur eine ganz bestimmte Anzahl von Elektronen aufnehmen können – so lange, bis sie »voll« sind.

FÜR BESSERWISSER

Von Fliegen und Kathedralen

Klein, aber oho ist der Kern jedes Atoms. Er nimmt zwar nur ein Billiardstel des Gesamtvolumens des Atoms ein, doch in ihm konzentriert sich dessen gesamte Masse. Um sich die Größenverhältnisse besser vorstellen zu können, ein Vergleich: Würde man ein Atom auf die Größe einer Kathedrale »aufblasen«, hätte der Atomkern die Größe einer Fliege. Nichtsdestotrotz wäre die Fliege vieltausendmal schwerer als die Kathedrale ...

Fette und Öle – chemisch betrachtet

Ohne sie wäre das Kochen kaum denkbar, auch wenn sie vielen Zeitgenossen, die auf ihre Linie achten müssen, immer wieder Kopfzerbrechen bereiten: Fette und Öle. Sie gehören heute zum Grundbestand jeder Küche. Zum Braten, Dünsten und Backen und als wichtige Geschmacksträger sind sie heute aus der Kochkunst nicht mehr wegzudenken. Was passiert nun tatsächlich, wenn das Stück Fleisch in der Pfanne brutzelt? Auch hier kann ein Blick in die naturwissenschaftlichen Grundlagen des Kochens Klarheit schaffen.

Fettige Grundlagen

Bisher war die Rede von Fetten und Ölen. Chemisch gesehen gibt es zwischen den beiden aber keine großen Unterschiede. Fette liegen in fester, Öle in flüssiger Form vor, lediglich ihre Schmelzpunkte sind unterschiedlich. Daher soll fortan nur noch die Rede von Fetten sein. Aber welche Aufgabe haben diese abgesehen davon, dass man in ihnen sein Steak prima braten kann? Fette sind Energiespeicher. Will man diese Energie freisetzen, muss man die Fette verbrennen. Das geschieht, indem sie mit Sauerstoff reagieren – durch Oxidation. Dieser Vorgang läuft im menschlichen Körper sehr langsam und kontrolliert ab, die Energiemenge, die dabei frei wird, ist aber beträchtlich.

Fette und Öle sind heute aus der Küche nicht mehr wegzudenken

Was steckt im Fett?

Die Hauptbestandteile von Fetten sind drei so genannte Kohlenstoffketten. Darunter versteht man eine Aneinanderreihung von Kohlenstoffatomen. Fette enthalten typischerweise zwischen 10 und 20 solcher

Atome pro Kette. Diese drei Ketten sind an einem Ende miteinander verbunden. Die Kohlenstoffatome sind nun ihrerseits mit Wasserstoffatomen verbunden. Fette stellen also eine Kombination aus Kohlenstoff- und Wasserstoffatomen dar, die in bestimmter Art und Weise miteinander verbunden sind. Dabei kann sich der Charakter dieser Verbindungen in einzelnen Punkten voneinander unterscheiden. Er legt fest, mit welcher Art von Fett man es zu tun hat.

Dreimal Fett

Man unterscheidet je nach so genanntem Sättigungsgrad zwischen drei verschiedenen Fettarten.

Bei einem gesättigten Fett sind so viele Wasserstoffatome wie möglich mit den Kohlenstoffatomen verbunden. Jedes Kohlenstoffatom im Inneren der Kette ist mit zwei weiteren Kohlenstoffatomen und mit zwei Wasserstoffatomen verbunden. Mehr Bindungen kann der Kohlenstoff dann nicht mehr eingehen. Ein Blick ist hier auch noch auf die Art der Bindung zwischen den Kohlenstoffatomen nötig. Stellt man sich diese Bindung als Ärmchen vor, die einander festhalten, so sind in diesem Fall die Kohlenstoffatome mit jeweils einem Ärmchen verbunden – eine solche Bindungsart nennt man auch Einfachbindung.

Es existieren aber auch andere Bindungstypen. Bei einer Doppelbindung zum Beispiel verbinden zwei Ärmchen die Atome miteinander. Genau solche Bindungen bestehen in ungesättigten Fetten. Sie unterscheidet man weiterhin noch in einfach ungesättigte und mehrfach ungesättigte Fette. Einfach ungesättigte Fette weisen dabei nur eine Doppelbindung auf, bei mehrfach Ungesättigten können es mehrere sein.

FÜR BESSERWISSER

Wenn es nicht spritzen soll

Fett hat die unangenehme Eigenschaft, beim Erhitzen bisweilen zu spritzen. Wenn man ein wenig Salz in die Pfanne gibt, vermindert sich der Drang zum Spritzen deutlich.

Gute und schlechte Fette

Es kommt nicht nur auf die Menge an Fetten an, die man zu sich nimmt, sondern auch auf ihre Art. Man sollte daher darauf achten,

➤ Einige leckere Butterrezepte

Honigbutter
Verrühren Sie 125 g weiche Butter mit 2 EL Honig. Honigbutter passt gut zu Pfannkuchen, als Füllung für Crêpes oder als Brotaufstrich.

Orangenbutter
Rühren Sie 125 g weiche Butter mit 1 EL Puderzucker, 1 EL abgeriebener unbehandelter Zitronenschale, 1 EL Orangensaft und 1 TL Orangenlikör schaumig. Orangenbutter passt gut zu Crêpes.

Lachsbutter
Mischen Sie 100 g Butter mit 50 g zerkleinertem Räucherlachs. Pürieren Sie sie im Mixer. Lachsbutter passt zu Pumpernickel.

Senfbutter
Rühren Sie 125 g Butter mit 2 EL Dijonsenf schaumig und schmecken Sie die Butter mit Salz, Pfeffer, Zitronensaft, geriebener Muskatnuss und Cayennepfeffer ab. Senfbutter passt gut zu Fisch.

nicht zu viele gesättigte Fette, zum Beispiel in Fleisch, Butter oder Kuchen zu verzehren. Der Cholesterinspiegel könnte dadurch ansteigen. Einfach oder mehrfach ungesättigte Fette in Oliven-, Rapsöl und Fisch sind wesentlich besser. Sie können wohldosiert Herz- und Kreislauferkrankungen vorbeugen.

Und noch ein paar Unterschiede

Diese unterschiedliche Struktur der Fette bewirkt, dass sich die Kohlenstoffketten in verschiedener Art lagern. Bei gesättigten Fetten liegen die Ketten in langen, regelmäßigen Strängen vor, die sich auch gut eng aneinander lagern lassen. Sie bilden daher eine feste Struktur, wie das zum Beispiel bei Schmalz der Fall ist. Außerdem können diese Fette mehr Energie speichern. Ihr Schmelzpunkt liegt höher als der ungesättigter Fette.

Ein weiterer wichtiger Unterschied zwischen gesättigten und ungesättigten Fetten besteht in ihrer Oxidierbarkeit. Ungesättigte Fette können wegen ihrer Doppelbindungen besser mit Sauerstoff reagieren als gesättigte, deren Bindungen ja alle einzeln belegt sind. Ist ein Fett oder Öl ranzig geworden, kam es genau zu einer solchen Oxidation, also zur Reaktion mit Sauerstoff.

Omega-3-Fett im Fisch

Lebertran macht Kinder stark. Das wussten bereits Generationen von Eltern. Täglich traktierten sie ihre Sprösslinge mit einem Löffel dieser öligen, übel schmeckenden Substanz. Wenn Sie das erlebt haben, denken Sie vermutlich noch heute mit Schaudern daran. Ernährungswissenschaftler haben inzwischen herausgefunden, dass Fischfett nicht nur für die Kleinen gut ist, vielmehr »erfreut« es Erwachsene »ebenso«. Schon 1944 stellte der britische Biochemiker Hugh Sinclair fest, dass Eskimos kaum Herzinfarkte erleiden. Er vermutete, dass dies mit dem fetten Fisch zusammenhängen müsse, den die Eskimos in Massen verspeisen. Doch Sinclairs Kollegen lachten über diese Behauptung. Erst rund 40 Jahre später wurden diese Beobachtungen wissenschaftlich bestätigt.

Heute wissen wir, dass Fisch nicht nur reich an den wachstumsstärkenden Vitaminen A und D ist. Er enthält auch eine ganz besondere Art von Fett – die so genannten Omega-3-Fettsäuren. Die Bezeichnung rührt aus der alten Nomenklatur der Fettsäuren, nach der diese vom Ende her durchnummeriert wurden (Omega = Ende). Die Omega-3-Fettsäuren wie Alpha-Linolensäure, Eicosapentaensäure oder Docosahexaensäure haben an ihrem dritten Kohlenstoffatom eine Doppelbindung sowie eine weitere Doppelbindung im Verlauf der Kette. Sie sind also mehrfach ungesättigt. Früher wurden die Omega-3-Fettsäuren auch als Vitamin F bezeichnet – bis man schließlich erkannte, dass es sich um mehrfach ungesättigte Fette und nicht um Vitamine handelte.

Omega-3-Fettsäuren sind unter anderem ein wichtiger Bestandteil der Zellmembranen. Unser Organismus kann diese langkettigen, mehrfach ungesättigten Fettsäuren nicht selbst herstellen. Also müssen wir sie in ausreichender Menge mit der Nahrung aufnehmen. Omega-3-Fette werden, anders als die meisten anderen Nahrungsbestandteile, unverändert von den Körperzellen aufgenommen und direkt in die Zellmembranen eingelagert. Je mehr

Omega-3-Fettsäuren zur Verfügung stehen, desto besser können die Zellen ihre vielfältigen Aufgaben erfüllen. Omega-3-Fettsäuren halten die Zellwände elastisch und machen das Blut flüssiger. Dadurch beugen sie Herzinfarkt, Schlaganfall und Arteriosklerose vor. Außerdem hemmt dieses Wundermittel der Natur Entzündungen: Beschwerden wie Rheuma, Schuppenflechte oder Magen- und Darmstörungen werden gelindert. Damit nicht genug: Die Fittmacher bringen unseren Verstand auf Hochtouren. Klar – wenn das Blut besser fließt, wird mehr Sauerstoff ins Gehirn gepumpt. Nach neuesten Studien schützen die Omega-3-Fettsäuren sogar vor Depressionen.

Diesen Jungbrunnen sollten Sie sich so oft wie möglich gönnen. Mindestens ein Drittel von dem Fett, das Sie täglich essen, sollte aus Omega-3-Fettsäuren bestehen. Das ist leichter als gedacht: Hervorragend eignen sich Lachs, Thunfisch, Makrelen, Hering oder Sardinen. Die Empfehlung, einmal pro Woche Fisch zu verzehren, wird nur von den wenigsten konsequent umgesetzt. Es ist aber auf jeden Fall ratsam, regelmäßig eine Fischmahlzeit einzuplanen. Wichtig ist dabei die Qualität und nicht die Quantität. Hochseefische wie Kabeljau, Hering, Schellfisch oder Seelachs sind in der Regel geringer belastet als Fische aus küstennahen Regionen. Doch es geht zur Not auch ohne Fisch: Die essenzielle Alpha-Linolensäure ist eine Omega-3-Fettsäure, die in Leinöl, Soja(produkten), Rapsöl und Nüssen vorkommt.

Was Fischfleisch so zart und weich macht, lässt ihn auch schnell verderben – der geringe Bindegewebsanteil. Dadurch können sich Bakterien besonders leicht ansiedeln. Beim Verderb von Fischeiweiß entstehen dann so genannte Histamine, die bei empfindlichen Personen Unverträglichkeitsreaktionen wie Schwindel, Herzrasen oder Übelkeit auslösen können. Beim Kauf von Frischfisch sollten Sie besonders auf sein Alter achten, ihn dann richtig lagern und schnell verarbeiten.

Zucker und Stärke

Kohlenhydrate stellen sozusagen einen der Treibstoffe des menschlichen Organismus dar. Ohne sie läuft einfach nichts. Auch Zucker und Stärke zählen zu dieser wichtigen Stoffklasse. Doch nicht nur in Zuckerwatte und Karamellbonbons ist Zucker enthalten, er verbirgt sich auch in zahlreichen anderen Lebens- und Genussmitteln, zum Beispiel im Ketchup. Was ist Zucker unter der naturwissenschaftlichen Lupe betrachtet, und wie sind seine stofflichen Reaktionen zu erklären?

Zucker ist nicht gleich Zucker

Zucker, so wie wir ihn kennen, gibt es in verschiedenen Formen im Supermarkt. Man kann ihn als weißes körniges Pulver oder fein gemahlen als Puderzucker bekommen, auch brauner Rohzucker, Kandis und ähnliche kristalline Formen sind in heutigen Haushalten gebräuchlich. Chemisch betrachtet handelt es sich dabei immer um dieselben Verbindungen. Aber dennoch kennt auch der Lebensmittelchemiker verschiedene Formen von Zucker.

Zuckerkringel – chemisch gesehen

Die Grundlage aller wichtigen Zuckerarten, die in unseren Lebensmitteln vorkommen, ist die so genannte Glukose (auch als Blutzucker bekannt). Sie besteht aus einem Ring, der fünf Kohlenstoff- und ein Sauerstoffatom aufweist. Mit dem Ring sind einige Wasserstoffatome und Verbindungen aus Sauerstoff und Wasserstoff verbunden. Diese Verbindungen werden OH-Gruppen genannt, sie sind ein wichtiger Bestandteil des Alkohols.

Die Anzahl der Ringe ist entscheidend dafür, mit welchem Zucker man es zu tun hat. So besteht Glu-

FÜR BESSERWISSER

Ein paar Zucker-Fachbegriffe

Hat man sich den Begriff »Saccharide« einmal gemerkt, ist es gar nicht mehr allzu schwer, sich weitere Fachbegriffe zu erschließen. Zucker mit einem Ring bezeichnet man als Monosaccharide, besitzen sie zwei Ringe, ist die Rede von Disacchariden, und Zucker mit noch mehr Ringen (auch die treten auf) sind unter dem Begriff »Olygosaccharide« zusammengefasst.

Süßes Gebäck kann mit verschiedenen Zuckerarten hergestellt werden, zum Beispiel mit Hagelzucker oder Rohrzucker

kose aus einem Ring, während Saccharose, Haushaltszucker, zwei Ringe aufweist. Letzterer hat dem Zucker zu seinem Fachbegriff verholfen. Man nennt die verschiedenen Zuckerarten Saccharide.

Alles dreht sich um die Energie

Lebende Organismen bilden Zucker in der Regel, um Energie zu speichern. Da Zucker aber Sauerstoff enthält, kann der Körper ihm nicht mehr so viel Energie entnehmen. Denn Energie entsteht durch das Verbrennen, eine Reaktion mit Sauerstoff – und Sauerstoff steht im Zucker nicht mehr frei zur Verfügung. Doch das Vorhandensein von Sauerstoff hat auch einen nicht zu unterschätzenden Vorteil: Es erleichtert immerhin die Verbrennung. Grundsätzlich gilt übrigens die wichtige chemische Regel, dass Zucker mit nur einem Ring beim Verbrennen mehr Energie freisetzt als solcher, der aus mehreren Ringen besteht.

➤ Rezept-Tipp: Feines Zuckergebäck

Zutaten:

3 Eiweiß, 1/4 TL Weinsteinpulver, 160 g extrafeiner Zucker, 1 1/2 TL Vanillezucker

Zubereitung:

Heizen Sie den Backofen auf 200 °C vor und legen Sie 2 Backbleche mit Backpapier aus. Schlagen Sie die Eiweiße zusammen mit dem Weinstein steif. Heben Sie anschließend 9 EL Zucker vorsichtig unter und schlagen Sie weiter. Heben Sie mit einem Schneebesen den restlichen Zucker unter. Setzen Sie Häufchen der Masse auf die Backbleche (oder spritzen Sie sie mit einer Spritztülle auf die Bleche) und backen Sie das Gebäck 1 Stunde lang.

Erster Kontakt mit den Enzymen
Um eine wirklich effektive Verbrennung zu garantieren, darf der Organismus den Zucker nicht einfach sich selbst überlassen. Vielmehr stellt er ihm bestimmte Moleküle zur Seite, die man Enzyme nennt. Sie sind es, die die eigentliche chemische Reaktion ausführen. Enzyme sind hoch spezialisiert und können sich nur um eine Zuckersorte »kümmern«. Aus diesem Grund verfügt der Mensch über verschiedene Sorten von Enzymen, die je nach Bedarf zum Einsatz kommen. Trotzdem ist der menschliche Organismus nicht in der Lage, alle Zucker zu »bearbeiten«. Vor großen Zuckern mit drei, vier oder fünf Ringen müssen auch die Enzyme kapitulieren. Diese Zucker werden erst im Dickdarm von verschiedenen Bakterien zersetzt. Dabei entsteht eine Menge Kohlendioxidgas, das dann bisweilen recht geräuschvoll seinen Weg nach außen sucht.

Wie geht es vom Zucker zur Stärke?
Es gibt also einige verschiedene Zuckerarten, die man zudem noch in beliebiger Reihenfolge zu Ketten zusammensetzen kann. So wird deutlich, dass es eine schier unendliche Menge unterschiedlicher Ketten – so genannter Polysaccharide – gibt. Zwei sehr geläufige Vertreter dieser Gruppe sind die Amylose und das Amylopektin, die Hauptbestandteile der Stärke. Diese beiden Stoffe unterscheiden sich im Wesentlichen darin, dass die Zuckerringe bei der Amylose zu einem regelmäßigen Gebilde verknüpft sind, beim Amylopektin hingegen eine verzweigte Struktur aufweisen, die ein wenig an eine Flaschenbürste mit langem Stiel erinnert.

FÜR BESSERWISSER

Absolut reißfest: Zellulose
Stärke und Zellulose besitzen exakt die gleiche chemische Formel – und weisen dennoch große Unterschiede auf. Der größte Unterschied besteht wohl darin, dass es kaum Organismen gibt, die in der Lage sind, Zellulose abzubauen. Bei der Stärke gibt es diese Probleme nicht. Verantwortlich für diesen Unterschied ist die unterschiedliche »Architektur« beider Polysaccharide. Die Zellulose liegt in einem starren Molekül vor, das kaum auseinander gerissen werden kann. Bei der Stärke ist das Auseinanderreißen wesentlich einfacher möglich.

Noch mehr Ringe

Häufig liegt Stärke in Form kleiner Körnchen vor, die in den Pflanzen gebildet wurden. Sie haben einen Durchmesser von einigen tausendstel Millimetern. In diese Körnchen werden Ringe von Amylopektin gelagert. Sähe man sich den Querschnitt durch ein solches Körnchen unter dem Mikroskop an, könnte man tatsächlich so etwas wie die Jahresringe in einem Baumstamm entdecken. Von der Menge des Amylopektins hängt nun ab, wie gut die Stärkekörnchen sich gegen die körpereigenen Enzyme wehren können. Ein geringer Anteil führt hierbei zur Ausbildung kristalliner Strukturen, die wiederum den Enzymen die Arbeit erschweren.

Die Stärkekörnchen weisen noch einen weiteren wichtigen Bestandteil auf, nämlich das Protein. Auch dieses liegt innerhalb des Körnchens, gleichzeitig bildet es aber auch so etwas wie eine Hülle um das Körnchen. Proteine haben unter anderem die Fähigkeit, kaltes Wasser zu absorbieren, und sind dafür verantwortlich, dass sich Stärkekörnchen, wenn sie mit Wasser in Berührung kommen, leicht verklumpen. Amylose und Amylopektin zeigen sich indes von kaltem Wasser ziemlich unbeeindruckt. Das ändert sich erst, wenn die Wassertemperatur 60 °C übersteigt. Dann nämlich beginnen die kristallinen Schichten zu schmelzen und die einzelnen Moleküle sind nicht mehr so dicht gepackt. Das Wasser kann nun besser in die Körnchen eindringen und beginnt, die Amylosemoleküle zu lösen. Allerdings können sich nicht alle Moleküle lösen, da viele von ihnen übereinander lagern. Man erhält keine Lösung, sondern ein Gel.

Warum die Soße sämig wird

Welche küchenpraktischen Auswirkungen haben diese chemischen Prozesse? Das »Anschmelzen« der Moleküle durch erhöhte Temperatur und das Eindringen von Wasser sind die Vorgänge, die hinter dem Anbinden einer Soße stecken.
Die Stärkekörnchen nehmen eine große Menge Wasser auf und »verwandeln« sich, die Soße wird ein geschmeidiges Gel. Haben sich allerdings sehr viele Stärkekörner zu Klumpen zusammengezogen, kann das Wasser nicht mehr so gut in die einzelnen Körnchen eindringen, die Soße wird klumpig.

Erhitzen verwandelt den Zucker

Die Kohlenhydrate und besonders der Zucker stellen schon als einfache Elemente interessante Stoffe dar. Richtig spannend wird es aber erst, wenn man den Zucker erhitzt. Dann laufen Prozesse ab, die den Zucker verändern und unter anderem auch für neue Aromen sorgen. Insofern eröffnet die Kenntnis dieser Prozesse dem Koch eine weite Palette an Möglichkeiten, seinen Gerichten eine besondere Note zu verleihen. Auf der anderen Seite kann er böse Überraschungen möglicherweise besser vermeiden.

Zucker im Kochtopf

Grundsätzlich gibt es zwei Möglichkeiten, wie man mit Zucker im Kochtopf verfahren kann. Man kann ihn in Wasser auflösen oder unaufgelöst erhitzen. Bei der Lösung von Zucker in Wasser entstehen Verbindungen zwischen den einzelnen Molekülen. Erhitzt man dann die Lösung, kommen die ersten interessanten Reaktionen in Gang. Das Wasser reagiert mit dem Sauerstoffatom, das die einzelnen Zuckerringe miteinander verbindet, und baut so die möglicherweise komplexen Strukturen in einfachen Zucker ab. So wird unser Haushaltszucker, die Saccharose, in die Bestandteile Fructose und Glucose zerlegt. Ähnliches passiert auch beim Erhitzen ungelösten Zuckers.

FÜR BESSERWISSER

Vielerlei Aldehyde

Formaldehyd ist einer der berüchtigsten Stoffe aus der Gruppe der Aldehyde. Dieser Stoff ist giftig und hat in der Öffentlichkeit schon für viele negative Schlagzeilen gesorgt.
Daneben gibt es in der Stoffgruppe der Aldehyde aber auch viele Aromastoffe, wie man sie in Marzipan, Vanillin, Zimt und Geruchsstoffen von Rosen und Zitronen findet.

Erhöht man die Temperatur schließlich noch weiter, ist auch die bekannte Ringstruktur des Zuckers nicht mehr vor den chemischen Reaktionen sicher. Sie wird geöffnet, und es können völlig neue Moleküle entstehen. Diese sind in der Regel vorwiegend Säuren und Aldehyde.

Was passiert bei der Karamellisierung?
Die Schmelztemperatur von ungelöstem Zucker liegt bei etwa 185 °C. Überschreitet man diese, beginnt ein Vorgang, der unter dem Begriff »Karamellisierung« bekannt ist. Über diesen Vorgang wissen selbst die Chemiker nicht alles. Doch so viel ist klar: Aus den Zuckermolekülen bilden sich lange Ketten, und der Zucker verfärbt sich langsam über gelb in Richtung dunkelbraun. Dabei entstehen diverse neue Aromastoffe, die dem Karamell seinen charakteristischen Geschmack verleihen. Wer den Topf nun vom Herd nimmt, hat gewonnen – vorausgesetzt, er wollte auch wirklich die aromatische Süßigkeit herstellen. Wer in dieser Phase trödelt, erlebt, dass die Reaktionen ihren Fortgang nehmen – und der Karamell sich immer schwieriger verarbeiten lässt. Es entstehen Aromen, die bitter schmecken.

In der Konditorkunst wird professionell karamellisiert. Hier unterscheidet man verschiedene Arten oder Sorten des Karamells. Der noch nicht verfärbte angeschmolzene Zucker, der »schwache Bruch«, wird für das Glasieren von Früchten, als Spinnzucker oder zur Dekoration, zum Beispiel für Torten, verwendet. Der dunklere, goldbraune Karamell, der »starke Bruch«, ist dagegen klassisch für Süßigkeiten und Bonbons unterschiedlicher Konsistenz.

➤ Wie entsteht Zuckerwatte?

Zuckerwatte zählt seit Generationen zu den großen Attraktionen auf jedem Jahrmarkt. Aber wie gelingt es, aus den Zuckerkörnchen die feinen, süßen Gewebe zu »spinnen«? Man benötigt dazu viel Hitze, die Fliehkraft der Materie tut das Übrige. Das Kernstück einer Zuckerwattemaschine ist ein kleiner Zylinder. In diesen wird der Zucker gefüllt und so lange erhitzt, bis er schmilzt. Gleichzeitig dreht sich der Zylinder um die eigene Achse. Durch kleine Schlitze in den Wänden des Zylinders wird der flüssige Zucker nach außen geschleudert und erkaltet sofort wieder zu langen, weichen Fäden. Diese muss man nur noch auf einen Holzstab aufwickeln. Für eine Portion Zuckerwatte reicht etwa ein Teelöffel Zucker.

Funktionelle Lebensmittel

Kennen Sie »Functional Food«, »Designer Food«, »Wellness Food«, »Pharma Food« oder »Medical Food«? All dies sind so genannte funktionelle Lebensmittel. Sie sättigen nicht nur und versorgen den Körper mit lebenswichtigen Nährstoffen, sondern sollen durch unterschiedlichste Zusätze weiteren gesundheitlichen Nutzen bieten. Immer häufiger stehen in den Supermarktregalen »probiotische Joghurtdrinks« oder »ACE-Säfte«. Die Angebote der Lebensmittelindustrie kommen dem Wunsch der Konsumenten entgegen, sich gesund und unkompliziert zu ernähren. Kein Wunder also, dass die neuen Lebensmittel voll im Trend liegen: Margarine gegen Herzinfarkt und zu viel Cholesterin, Joghurt für die Darmflora, Omega-3-Eier, damit das Blut besser fließt. Die Liste von Nahrungsmitteln »mit einem nachgewiesenen gesundheitsfördernden Nutzen« wird immer länger. Kann Krebs künftig mit Milchprodukten oder Säften bekämpft werden? Anhänger des Functional Food sind davon überzeugt.

Lebensmittel, die arzneiliche Wirkstoffe enthalten, werden zurzeit immer häufiger angeboten

Stammland der funktionellen Lebensmittel ist Japan. Die kleinen Yakult-Fläschchen beispielsweise wurden dort bereits vor mehr als 50 Jahren auf den Markt gebracht. Durch das Gesetz wurde FOSHU (Foods for Specific Health Use) 1991 genau definiert: Die gesundheitsfördernden Inhaltsstoffe dürfen nur in normalen Lebensmitteln enthalten sein, aber nicht als Kapseln oder Pillen angeboten werden. Sie müssen einen natürlichen Ursprung haben, dürfen nicht synthetisch erzeugt werden. Schließlich muss ihre gesundheitsfördernde Wirkung, zum Beispiel die Verlangsamung des Alterungsprozesses, wissenschaftlich nachgewiesen sein. Erst dann darf ein Produkt das FOSHU-Siegel tragen. Die US-amerikanische Lebensmittelindustrie hat schnell nachgezogen, auch hier gibt es eine Definition durch die »National Academy of Sciences«, wenn auch keine gesetzliche Verankerung. Functional Food gilt als Designer Food, bei dem die Konzentration bestimmter Inhaltsstoffe so verändert wird, dass sie gesundheitsförderlich wirken. Im Gegensatz zu Japan können die Zusatzstoffe auch synthetisch produziert sein. In Deutschland bewegen sich die funktionellen Lebensmittel in einer rechtlichen Grauzone zwischen Lebensmittel- und Arzneimittelgesetz. Bis zum Jahr 2000 durften cholesterinsenkende Lebensmittel mit zugesetzten Phytosterinen in Europa nicht vertrieben werden, da der Inhaltsstoff aufgrund seiner arzneilichen Wirkung enthalten ist.

Gegner von Functional Food weisen darauf hin, dass der Verbraucher schnell den Überblick über die zugeführte Menge von Nährstoffen verliert und oft Überdosierungen auftreten. Diese können bei manchen fettlöslichen Vitaminen, Eisen oder Kalzium gesundheitsschädlich wirken. Zudem sei bei lebenden Bakterienkulturen ungeklärt, ob sie wirklich dem Darm helfen, da sie sich erst in sehr hohen Mengen gegen die natürlichen Bakterienkulturen durchsetzen können. Als unbedenklich hingegen werden größere Mengen der wasserlöslichen Vitamine B und C angesehen, da ein Überschuss einfach ausgeschieden wird. B-Vitamine und Folsäure sind zum Beispiel in Fitnessriegeln und Multivitamin-Produkten, Vitamin C in Getränken, Joghurts, Cerealien, aber auch in Tiefkühlkost und Tütensuppen enthalten.

Funktionelle Lebensmittel sind in der Regel teurer als nicht angereicherte Nahrung. Hilfreich erscheint Functional Food in Fällen, in denen schon eine organische Störung vorliegt, zum Beispiel bei einem bereits erhöhten Cholesterinspiegel. Dann ist cholesterinsenkende Margarine sicherlich gesünder als Butter oder Schmalz.

Proteine, Kollagen und Aspik

Proteine sind vielseitige Stoffe und haben einiges zu bieten. Als Makromoleküle können sie mit Wasserstoff, Sauerstoff, Stickstoff und anderen Elementen eine mehr oder weniger enge Verbindung eingehen. Ihre Bedeutung für die Küchenpraxis beschränkt sich also keineswegs nur auf das »Weiße« im Ei. Das Kollagen beispielsweise stellt ein ganz besonderes Protein dar, das auch im Zusammenhang mit der allbekannten Gelatine eine nicht unwesentliche Rolle spielt.

Der Primus im Körper

Unter den Molekülen, die für die Aufrechterhaltung des Lebens unverzichtbar sind, nehmen die Proteine eine herausragende Stellung ein. Um dies zu unterstreichen, leitete der Forscher Jöns Jakob Berzelius 1838 ihren Namen von den griechischen Wörtern »protos« (»erstes, wichtigstes«) und »proteuo« (»ich nehme den ersten Platz ein«) ab. Proteine zählen zu den Makromolekülen, das heißt, sie bestehen aus vielen Bausteinen. Ihre chemischen Bestandteile sind Kohlenstoff, Wasserstoff, Sauerstoff und Stickstoff. Proteine zählen zu den Grundbausteinen aller Zellen. Sie verleihen der Zelle nicht nur ihre Struktur, sondern sind die molekularen Maschinen, die Stoffe transportieren, Ionen pumpen oder Signalstoffe erkennen – kurz und gut: Ohne sie liefe nichts.

Fisch in gekochter oder geräucherter Form ist besonders reich an hochwertigen Proteinen

Die Bausteine: Amino-Perlen

Man kann sich Proteine wie lange Perlenketten vorstellen. Die einzelnen Perlen sind die Aminosäuren. Derzeit sind 20 verschiedene Aminosäuren bekannt, die für den Menschen eine Rolle spielen. Zwölf von ihnen kann der menschliche Organismus beziehungsweise die im menschlichen Verdauungstrakt lebenden Mikroorganismen herstellen. Die restlichen acht Aminosäuren sind für den Menschen essenziell, das heißt, er muss sie über die Nahrung aufnehmen.

Allen Aminosäuren sind zwei besondere chemische Gruppen gemeinsam: eine so genannte Caroxylgruppe, die aus einem Kohlenstoff-, einem Wasserstoff- und zwei Sauerstoffatomen besteht (–COOH), und eine Aminogruppe aus zwei Wasserstoffatomen und einem Stickstoffatom ($-NH_2$). Die einfachste Aminosäure enthält außer diesen beiden Gruppen keine weiteren Elemente. Alle weiteren Aminosäuren besitzen noch zusätzliche Elemente. Sie bilden, hintereinander angeordnet, die verschiedenen Proteine, wobei deren Länge von unter 20 bis über 1 000 Aminosäuren variieren kann. Das längste menschliche Protein besteht aus über 30 000 Aminosäuren.

FÜR BESSERWISSER

Knäuel statt Kette

Der Vergleich von Proteinen mit einer Perlenkette ist eigentlich nicht ganz korrekt, denn in der Natur kommen diese Makromoleküle nicht in der Form lang gestreckter Ketten vor. Auf den ersten Blick mögen sie sogar zunächst eher wie wilde Knäuel wirken, doch dieser Schein trügt. Denn die Natur hat die einzelnen Proteine exakt so entworfen, dass sie für ihre jeweilige Aufgabe optimal gestaltet sind. So ist das Protein Hämoglobin zum Beispiel so aufgebaut, dass es Sauerstoff transportieren kann. Zu diesem Zweck befindet sich innerhalb des »Knäuels« ein Loch, in das genau ein Sauerstoffatom passt.

So entwirrt man das Knäuel

Die Proteinknäuel lassen sich auch entwirren. Man spricht in diesem Zusammenhang vom Denaturieren der Proteine. Das geschieht in der Küche bei einem alltäglichen Vorgang, dem Erhitzen. Werden Proteine erhitzt, passiert nämlich Folgendes: Proteine befinden sich von Natur aus – wie das bei allen Molekülen der Fall ist – in leichten Schwingungen. Bei Hitze vergrößern sich diese Schwingungen. Das führt im Laufe der Zeit so weit, dass die internen Bindungen, die das Protein in seiner natürlichen Form zusammenhalten, ihren Dienst aufgeben. Das geschieht bei einer Temperatur von etwa 40 °C.

Erhöht man die Temperatur dann noch weiter, kommt es zu chemischen Reaktionen, bei denen das Protein entweder abgebaut wird oder sich mit anderen Elementen zu neuen Molekülen zusammenschließt. Genau diese Reaktionen stehen beim Kochen, Braten und Backen im Vordergrund.

Kollagen – ein ganz besonderes Protein

Einem besonderen Protein, nämlich dem Kollagen, soll hier auch besondere Aufmerksamkeit geschenkt werden. Es handelt sich um einen starren, faserigen Stoff, der in allen Säugetieren in großen Mengen vorkommt. Kollagen ist ein Hauptbestandteil von Haut und Sehnen und kommt als Ummantelung von Muskelfaserbündeln vor. In Hülle und Fülle ist es also in allen Fleischprodukten enthalten, in Steak, Würstchen und Schnitzel ...

Kollagen besteht aber nicht aus einem einzigen, sondern aus drei Molekülen. Diese drei Stränge sind wie bei einem Seil miteinander verschlungen – man spricht hier auch von einer Tripelhelix. Durch diese Struktur enthält das Kollagen seine ganz besondere Stabilität, wird allerdings auch nahezu ungenießbar. Bevor der Mensch es verdauen kann, müssen zuerst einmal die drei Stränge aufgebrochen werden – wahrlich keine einfache Aufgabe.

Aus Kollagen wird Gelatine

Erhitzt man aber das Kollagen auf mehr als 70 °C, entwirren sich die

➤ Haben Sie schon einmal Proteine gedehnt?

Eine weitere Möglichkeit, Proteine zu denaturieren, besteht darin, sie zu dehnen. Wie das funktioniert, kann man sich leicht anhand von Fadenspielen vorstellen, bei denen sich scheinbar hoffnungslos verhedderte Fäden durch einfaches Ziehen oder Dehnen wieder entwirren lassen. Ähnlich lassen sich auch in der Küche die Proteine recht einfach dehnen. Man benötigt dazu lediglich einen Schneebesen oder ein Rührgerät. Durch das schnelle Schlagen werden die Molekülstrukturen »auseinander gezogen« oder gedehnt. Die besonders schnelle Bewegung führt zu einer optimalen Denaturierung.

FÜR BESSERWISSER

Das Geheimnis einer guten Glace

Eine Glace, die man zum Verfeinern von Soßen benötigt, lässt sich recht einfach herstellen: In einer Brühe, die mit Gemüse nach Wahl und weiteren aromatischen Zutaten angereichert ist, kocht man auch Knochenstücke und Fleischreste – das Ganze funktioniert auch mit Fisch, dann sollten Sie die Gräten verwenden. Lässt man die Brühe reduzieren, tritt das Kollagen aus und nimmt seine Arbeit auf. Das Ergebnis ist ein dickflüssiger Sirup, mit dem Sie Soßen sehr gut eindicken können.

drei Stränge der Tripelhelix von allein zu einzelnen Molekülen. Der Stoff, der dann entsteht, ist Gelatine. Kühlt nun die Gelatine ab, vereinigen sich die einzelnen Molekülstränge nicht wieder zu einer Tripelhelix, sondern bilden ein großes Netzwerk.

Gibt man handelsübliche getrocknete Gelatineplatten in Wasser, so wird das Wasser an die Gelatinemoleküle gebunden. Da aber im Gelatinenetzwerk alle Molekülketten irgendwie miteinander verbunden sind, löst sie sich nie ganz in Wasser auf, sondern gerät in einen Zustand zwischen fest und flüssig. Einen solchen Stoff bezeichnet man in der Küchensprache dann als Gelee oder auch Aspik.

Gelee schützt die Speise

Das Wort »Aspik« leitet sich vom griechischen »aspis« – »Schild« her. Die ursprüngliche Funktion der Sülze in der französischen Küche war es nämlich, Speisen mit einer durchsichtigen Schutzschicht zu überziehen. Meist wurden dafür runde Formen verwendet, die mit ihrer spiegelnden Oberfläche tatsächlich an den Schutzschild eines Kriegers erinnerten. Für süße Speisen, die eine gelartige Konsistenz erhalten sollen, zum Beispiel Marmelade, wird in der Regel das natürliche Geliermittel der Früchte, Pektin, eingesetzt. Eine vegetarische Alternative zum Kollagen – das in der heutigen Fleischindustrie übrigens meist aus Schlachtabfällen gewonnen wird – ist Agar-Agar. Dieser Stoff stammt aus den Zellwänden von Rotalgen und Seegräsern im ostasiatischen Raum. Agar entspricht dem Zusatzstoff E 406 und ist extrem ergiebig: Bereits ein halber Teelöffel entspricht vier Blatt Gelatine.

Novel Food

Am 15. Mai 1997 trat die so genannte »Novel-Food-Verordnung« der Europäischen Union in Kraft, mit der insbesondere das In-Verkehr-Bringen gentechnisch veränderter Lebensmittel(-zutaten) im europäischen Binnenmarkt erstmals einheitlich geregelt wurde. Die »Verordnung des Europäischen Parlaments und des Rates über neuartige Lebensmittel und Lebensmittelzutaten« wurde erst nach mehrjährigen Beratungen und kontroversen Debatten in den Institutionen und Gremien der Europäischen Gemeinschaft verabschiedet.

Als Novel Food (»neuartige Lebensmittel«) wurden alle Lebensmittel und deren Zutaten bezeichnet, die bis zur Verordnung nicht in größerem Umfang auf dem europäischen Markt erhältlich waren. Dazu zählen alle Lebensmittel, die mithilfe der Gentechnologie produziert wurden und in ihrer äußeren Erscheinung, im Geschmack, im Nährwert oder in ihrer Haltbarkeit von konventionellen Lebensmitteln abweichen. Außerdem wurden unter dem Begriff »Novel Food« eine Vielzahl von unterschiedlichen Lebensmitteln eingeordnet, zum Beispiel exotische Früchte oder Algenproteine sowie Zusatzstoffe mit veränderten chemischen Strukturen.

Da diese Lebensmittel zumindest auf dem europäischen Speiseplan neu sind, gibt es keine ausreichende Erfahrungsbasis im Hinblick auf ihre Sicherheit und Verträglichkeit. Wer sie auf den Markt bringen will, muss auf wissenschaftlicher Basis nachweisen, dass ihr Verzehr gesundheitlich unbedenklich ist und nicht zu Ernährungsmängeln führt. Nicht in allen Fällen stehen hierfür geeignete Verfahren zur Verfügung. In Deutschland bearbeitet das Bundesamt für Verbraucherschutz und Lebensmittelsicherheit (BVL) zuweilen zusammen mit dem Bundesinstitut für Risikobewertung (BfR) Anträge auf das In-Verkehr-Bringen von Novel Food.

Mit der »matschfesten« Flavr-Savr-Tomate kam 1994 das erste gentechnisch manipulierte Lebensmittel in den Handel, dem eine weltweite Aufmerksamkeit

Die erste gentechnisch veränderte Tomate sorgte weltweit für Aufregung

geschenkt wurde. Diese außergewöhnlichen Tomaten konnten wochenlang lagern, ohne auch nur andeutungsweise Verfallserscheinungen aufzuweisen. Ihr Geschmack war allerdings äußerst fade. Auch Joghurt, der unter Verwendung genmanipulierter Milchsäurebakterien fermentiert, oder genetisch in ihrer Triebkraft verbesserte Backhefe gehören zu dieser Produktkategorie. Überhaupt scheint der Manipulation von Nutzpflanzen – gentechnisch gesehen – keine Grenzen gesetzt zu sein. In zahlreichen Freilandversuchen werden Herbizidresistenz und Schutz vor Insektenfraß bei genmanipulierten Nutzpflanzen ermittelt. Die meisten dieser Versuche finden in den USA statt, wo seit 1996 gentechnisch veränderte Pflanzen angebaut werden.

Auch wenn in Europa zu diesem Zeitpunkt noch kein nennenswerter Anbau von gentechnisch veränderten Produkten stattfand: Weltweit hat insbesondere die Vermarktung von pflanzlichen Produkten zugenommen. Der Einsatz der Gentechnik im Lebensmittelbereich spielt auch in Europa eine bedeutende Rolle. Weiterhin steigt die Zahl der mit ihrer Hilfe hergestellten Enzyme, die als Verarbeitungshilfsstoffe eingesetzt werden. Alle Produkte, die aus gentechnisch veränderten Produkten hergestellt wurden, unterliegen der Kennzeichnungspflicht; Ausnahmen bestehen bei Erzeugnissen, bei deren Herstellung Gentechnik nur indirekt eine Rolle gespielt hat (»mithilfe der Gentechnik«). Generell gilt: Lebensmittel wie Kekse oder Chips, die mehr als 0,9 Prozent gentechnisch veränderte Bestandteile enthalten, müssen als Gen-Lebensmittel gekennzeichnet werden.

Einige weitere spannende Reaktionen

Zucker und Proteine spielen in der Küchenpraxis eine entscheidende Rolle. Darüber hinaus gibt es weitere hochinteressante Reaktionen, die sich beim alltäglichen Rühren in Kochtopf oder Pfanne ganz unspektakulär ereignen. Eine der wichtigsten dieser Prozesse in der Küche überhaupt ist die Maillard-Reaktion. Sie läuft stets beim Erhitzen von Speisen ab. Egal also, ob gerösteter Kaffee, knuspriger Braten oder frische Brötchen – bei all diesen Köstlichkeiten ist die Maillard-Reaktion zu sehen, zu riechen und zu schmecken!

Gleiche Zutaten – verschiedener Geschmack

Haben Sie sich auch schon darüber gewundert, dass Ihre Gerichte, obwohl Sie sie stets mit den gleichen Zutaten zubereiten, immer wieder ein wenig anders schmecken? Wenn das so ist, hat sicherlich die Maillard-Reaktion ihre Finger im Spiel. Was sich bei dieser Reaktion genau abspielt, ist übrigens noch nicht völlig erforscht. Das liegt daran, dass es viele verschiedene Zucker und noch mehr unterschiedliche Aminosäuren gibt, die miteinander reagieren könnten. So hat man mittlerweile beispielsweise mehr als eintausend Moleküle, die als Ergebnis dieser Reaktion entstehen können, identifiziert. Für die fachgerechte und schmackhafte Zubereitung von Lebensmitteln reichen indes einige Grundkenntnisse über den Prozess, der bei dieser Reaktion abläuft, aus.

Zucker + Protein = Aroma

Die Grundzüge der Maillard-Reaktion sind den Prozessen beim Erhitzen von Zucker verblüffend ähnlich. Zunächst werden die Zuckermoleküle in einfachen Zucker, die Proteine in ihre Aminosäuren zerlegt. Dann öffnen sich die Zuckerringe und können mit den Aminosäuren reagieren. Es bilden sich neue Moleküle, die wiederum miteinander in Reaktionen treten. Schließlich entstehen auf diese Weise die aromatragenden Substanzen. Diese wurden in verschiedene Klassen unterteilt. So gibt es Stoffe, die Früchten und Gemüse ein frische grüne Note geben (Pyrazine), außerdem fruchtige Aromen (Furanone und Furanthiloe) oder auch andere aromatische Stoffe, die man im Essen allerdings nicht so gern vorfindet, weil sie einen stechenden und unangenehmen Geruch verbreiten.

Wenn es wie Fleisch schmecken soll

Für die Zubereitung von Fleisch hat eine bestimmte Reaktion im Spektrum der Maillard-Reaktionen eine ganz besondere Bedeutung. Die Aromastoffe, die bei dieser Reaktion entstehen, sorgen für das typische Fleischaroma. Haben sie sich nicht gebildet, schmeckt das Fleisch fade und irgendwie »gar nicht nach Fleisch«. Aber wie ist zu gewährleisten, dass sich diese Aromastoffe wirklich bilden? Erfahrene Köchinnen und Köche haben das – auch ohne die Maillard-Reaktionen im Einzelnen zu kennen – im Gefühl. Wer aber nicht über eine derartige Intuition verfügt, muss nicht verzweifeln. Ein paar Kniffe helfen in der Praxis schon sehr viel weiter.

Die Oberfläche vergrößern

Zunächst ist wichtig zu wissen, dass die Maillard-Reaktionen nur bei recht hohen Temperaturen – ab etwa 140 °C – ablaufen. Das typische Fleischaroma kann also auch nur entstehen, wenn Sie mit solchen Temperaturen arbeiten. Diese Temperaturen herrschen allerdings in der Regel nur an der Oberfläche

➤ Louis Camille Maillard

Louis Camille Maillard hatte eigentlich keine kulinarischen Ambitionen. Er lebte von 1878 bis 1936 und war gelernter Physiker, beschäftigte sich aber vorwiegend mit Biochemie. Im Rahmen seiner Arbeiten führte er Untersuchungen durch, um herauszufinden, wie Aminosäuren, die »Bauteile« der Proteine, und Zucker miteinander reagieren. Dabei ging es ihm aber nicht um die Lebensmittelwissenschaft oder gar Küchenfragen. Er wollte vielmehr die komplexen Vorgänge in lebenden Zellen entschlüsseln. Erst lange nach Maillards Tod erkannte man, dass die von ihm erforschten Reaktionen auch beim Erhitzen von Lebensmitteln ablaufen.

FÜR BESSERWISSER

Geschmackvolle Kruste

Mit der Maillard-Reaktion lässt sich nun auch erklären, warum in der Kruste von Brot mehr Geschmack sitzt als im Inneren: weil dort nämlich die Reaktionen am unmittelbarsten ablaufen und umso intensiver Aromen gebildet werden.

des Fleisches. Im Inneren ist es nicht wärmer als 100 °C, da sich dort auch Wasser befindet, das einen kühlenden Effekt hat. Vergrößert man nun die Oberfläche des Fleisches – zum Beispiel dadurch, dass man es schnetzelt –, lässt sich das gewünschte Aroma wesentlich schneller und effektiver erreichen. Achten Sie aber auf jeden Fall darauf, dass die Temperatur die 200 °C nicht übersteigt, denn dann bilden sich unangenehme Aromen und zum Teil auch giftige Stoffe.

Es muss nicht immer Hitze sein

Nicht alle Reaktionen, die in und mit den Lebensmitteln stattfinden, erfordern Hitze. Sind nämlich bestimmte Enzyme und Moleküle, die gewisse Vorgänge begünstigen und so als »Minireaktoren« wirken, im Spiel, können Prozesse auch ohne weitere Einwirkungen in Gang kommen und ihren Verlauf nehmen. Oft wirken Enzyme als »Beschleuniger« von Reaktionen. Dabei ist es unerheblich, ob die Organismen, die die Enzyme beherbergen, noch intakt sind oder bereits als Lebensmittel verwendet werden. Es gibt eine Vielzahl von Enzymen und dementsprechend auch eine Vielzahl möglicher Reaktionen mit diesen. Einige sind zum Beispiel für das nachträgliche Reifen von Früchten, das Ausflocken von Milch bei der Käseherstellung oder den Abbau von Proteinen bei der Alterung von Fleisch verantwortlich. Auch hinter der Oxidation von Obst oder Gemüse, die die braune Färbung an den Schnittflächen hervorruft, stecken die Enzyme.

Durch die Maillard-Reaktion schmeckt beim Brot die Kruste intensiver als das Innere

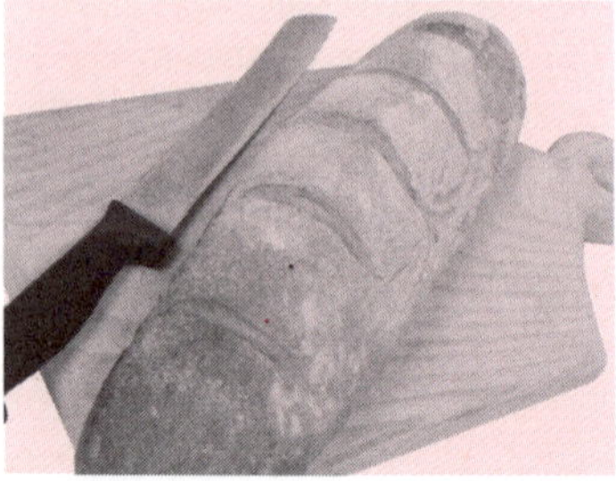

Blasen und Schäume in der Küchenpraxis

Schäume schaffen kulinarische Träume, sei es beim zarten Soufflé oder bei der raffinierten Torte ... Es ist nicht einfach, hier ein optimales Ergebnis zu erzielen, und zuweilen mag sich keine feine Konsistenz bilden. Nicht umsonst haben die Meister des Metiers hier lange geübt. Aber auch Sie können mit ein wenig Kenntnis der naturgesetzlichen Zusammenhänge Fortschritte beim Herstellen des zarten Etwas erzielen.

Wasserscheue Moleküle

Schäume verdanken ihre Existenz den besonderen Eigenschaften einiger Moleküle. Es gibt nämlich Moleküle, die das Wasser mögen (hydrophyle Moleküle), und solche, die es gar nicht leiden können (hydrophobe Moleküle). In dieser Hinsicht sind also Moleküle den Menschen gar nicht so unähnlich. Ein gutes Beispiel für hydrophobe Moleküle sind Fette und Öle, sie werden vom Wasser abgestoßen. Es gibt aber auch Moleküle, die beide Eigenschaften in sich vereinigen. Eines ihrer Enden mag das Wasser, das andere Ende nicht. Verbunden sind beide Enden durch eine bewegliche Kette. Man nennt solche Moleküle auch grenzflächenaktiv.

Und so entsteht Eischnee

Auch Proteine können grenzflächenaktive Eigenschaften aufweisen. Man findet sie zum Beispiel im Eiklar, auch Eiweiß genannt. Eiklar ist die Substanz, aus der man Eischnee herstellt. Bei diesem Prozess spielen die grenzflächenaktiven Proteine die entscheidende Rolle. Was geht also vor, wenn man Eiklar mit einem Schneebesen schlägt? Im Eiklar sind die Proteine so angeordnet, dass ihr wasserabweisender Teil nach innen zeigt. Beginnt man nun, die Flüssigkeit mit dem Schneebesen zu schlagen, denaturieren die Proteine, das heißt, sie geben ihre natürliche Anordnung auf. Die Folge davon ist, dass die Wasser abstoßenden Enden versuchen, an die Luft zu gelangen. Das klappt natürlich am besten an der Oberfläche des Eiklars. Dort »ragen« die Proteine dann »in die Luft«. Allerdings bietet die Oberfläche nicht unbegrenzt Platz, und es drängen immer mehr denaturierte Proteine nach. Diese bilden Membranen, die schließlich einzelne Luftblasen umschließen und so eine Grenzfläche zum Wasser bilden, die immer weiter wächst. So entsteht stetig Bläschen neben Bläschen im Eischaum.

Lange schlagen

Zunächst enthält der Eischnee wenige große Luftblasen. Je länger man ihn schlägt, desto kleiner werden die Blasen schließlich. Gleichzeitig wird der Zusammenhalt zwischen den Blasen fester und der Einfluss des Gewichts geringer, sodass der Eischnee insgesamt an Stabilität gewinnt.

Proteine erhalten ihre natürliche Struktur durch die Bindung einzelner Atome aneinander. Beim Prozess der Denaturierung werden diese Bindungen teilweise gelöst. Nun sind Atome allerdings bestrebt, wieder neue Bindungen einzugehen, und so kommt es zu Bindungen zwischen benachbarten Proteinen, die dem Eischnee eine zusätzliche Festigkeit verschaffen.

Je länger man Eischnee schlägt, desto fester wird er

FÜR BESSERWISSER

Wann ist Eischnee fertig?

Eischnee wird nur dann wirklich fest, wenn er lange genug geschlagen wurde. Wenn Sie den Schneebesen aus der Eimasse herausnehmen und der Eischnee eine »träge Spitze« bildet, können Sie davon ausgehen, ihn lange genug geschlagen zu haben. Für ein Soufflé sollte er aber noch ein wenig fester sein. Wenn die Masse ein Ei (mit Schale) tragen kann, ist der Eischnee fertig. Man kann Eischnee übrigens auch zu lange schlagen. Er zerfällt dann in einen festen und einen flüssigen Teil.

Die Soufflékunst – ein Ausflug in die Praxis

Unter einem Soufflé versteht man einen lockeren Auflauf, der beim Backen im Ofen wunderschön aufgeht. Entscheidend ist die Zugabe von Eischnee. Ein schönes Soufflé zu zaubern, das nicht wieder zusammenfällt, gilt als der Adelsschlag der guten Küche.

Warum geht ein Soufflé überhaupt auf? Zunächst dehnen sich die Luftbläschen bei Hitzeeinwirkung aus. Das erklärt aber nur ein Anschwellen um 20 oder 30 Prozent. Den Rest verrichtet Wasserdampf, der beim Erhitzen entsteht und die Bläschen zusätzlich vergrößert. Die gerinnenden Proteine sorgen dafür, dass die Bläschen eine stabile Form annehmen. Öffnet man nun während des Backens zu früh die Ofentür, nämlich bevor die Proteine geronnen sind, fallen die Luftblasen in sich zusammen, da sich durch den kühlen Luftzug die Luft in den Bläschen wieder zusammenzieht.

Entscheidend für die Mischung des Soufflés ist auch die Art, wie Sie den Eischnee einmengen. Geben Sie ihn oben auf die Hauptmasse, diese sollte nicht mehr zu heiß sein. Dann vermischen Sie beides sehr vorsichtig miteinander. Einige Köche empfehlen, dabei einen Spachtel zu verwenden. Wichtig ist aber, bei diesem Vorgang die Luftbläschen möglichst »ungeschoren« davonkommen zu lassen.

➤ Reines Eiklar ist wichtig

Das Reinheitsgebot gilt nicht nur beim Bierbrauen, auch für den Eischnee ist es enorm wichtig. Kleinste Verunreinigungen können bereits dafür sorgen, dass sich kein Schaum bildet. Meist geschehen solche Verunreinigungen beim Trennen der Eier, und es gelangt etwas Eigelb in die Masse. Auch das Eigelb enthält einige kleine grenzflächenaktive Moleküle, die sich mit den Proteinen des Eiklars verbinden und dadurch die Trennschicht zwischen Wasser und Luft schwächen. Darüber hinaus verbinden sich die Fette des Eigelbs mit den wasserabweisenden Teilen der Eiklarproteine und verhindern so das Entstehen der Membranen.

Backpulver sorgt für Bläschen

Im Kuchenteig spielen sich ähnliche Vorgänge ab wie in einem Soufflé. Doch zuweilen muss man dem Teig etwas nachhelfen. Denn welcher ambitionierte Hobbybäcker wünscht sich nicht, dass der Kuchen locker und leicht wird und der Teig schön aufgeht. Um das zu erreichen, werden in der Regel einige Zusätze verwendet, so genannte Backtriebmittel, kurz: Backpulver. Der Wirkungsweise dieser heute üblichen Mittel liegen verschiedene Naturgesetzmäßigkeiten zugrunde.

Chemie für lockeren Kuchen

Ein beliebtes Mittel, um das Aufgehen von Kuchen zu gewährleisten, ist das Backpulver. Bei diesem handelt es sich um einen »Cocktail« aus verschiedenen Chemikalien. In der Regel enthält Backpulver Natriumbicarbonat oder Natron, einige Salze und ein wenig Stärke – damit die Mischung trocken bleibt. Löst man die Salze des Backpulvers in Wasser auf, verwandeln sie sich in Säuren. Diese Säuren reagieren dann mit dem Natriumbicarbonat und setzen dabei Kohlendioxid frei. Das Kohlendioxid bildet bereits im Teig eine Menge kleiner Bläschen. Häufig wird dabei bereits ein guter Teil des einen Salzes (beziehungsweise der Säure, die aus ihm gewonnen wurde) verbraucht. Das zweite Salz benötigt aber eine höhere Temperatur, um seinerseits reagieren zu können, und so setzt sich die Bildung von Kohlendioxidbläschen auch im Backofen noch fort. Außerdem sorgt die Hitze dafür, dass die Bläschen sich weiter vergrößern. Das Ergebnis ist – im Idealfall – ein schöner lockerer Teig.

Backpulver gewährleistet eine lockere und leichte Konsistenz des Gebäcks

Natron treibt den Teig

Nicht jedes Rezept verlangt Backpulver als Triebmittel. Bisweilen finden Sie auch Natron in der Zutatenliste. Damit Natron allerdings den gewünschten Erfolg bringt, benötigt es eine Säure, um chemisch reagieren zu können. Im Backpulver ist diese Säure bereits enthalten. Buttermilch oder saure Sahne erfüllen diesen Zweck optimal – auf den Zusatz von Salz- oder Schwefelsäure sollten Sie indes verzichten. Nun gibt es aber auch einige Rezepte, die sowohl Backpulver als auch Natron verlangen. Auch hierfür gibt es eine einfache Erklärung. Man stelle sich einen Teig vor, der genau die richtige Menge Backpulver enthält, um schön aufzugehen. Nun kommt aber noch eine weitere saure Zutat wie etwa Buttermilch hinzu und das Gleichgewicht ist gestört. Benutzt man nun aber zusätzlich Natron, wird das Gleichgewicht wiederhergestellt und dem Backvergnügen steht nichts mehr im Wege.

➤ Rezept-Tipp: Schokomuffins

Zutaten:
200 g Mehl, 2 TL Backpulver, 1/2 TL Natron, 1 Ei, 160 g brauner Rohrzucker, 100 ml Öl, 300 ml Buttermilch, 4 EL Kakao

Zubereitung:
Mischen Sie das Mehl mit den Backtriebmitteln Backpulver und Natron. Verrühren Sie das Ei und den Zucker miteinander. Geben Sie das Öl und die Buttermilch hinzu und vermischen Sie alles gut. Ohne die Buttermilch enthielte dieser Teig genau die richtige Menge an dem Backtriebmittel Backpulver, mit ihr hat der Teig allerdings eine saure Komponente zu viel. Da die Buttermilch jedoch geschmacklich für den richtigen Pfiff sorgt, ist sie unverzichtbar. Fügen Sie Natron hinzu, um das Säuregleichgewicht im Teig wiederherzustellen.
Geben Sie die Mehlmischung hinzu und verrühren Sie alles zu einem Teig. Zum Schluss rühren Sie den Kakao unter. Geben Sie den Teig in Muffinformen und backen Sie ihn bei 160 °C 20–25 Minuten. Dank des Natrons werden die Muffins wunderbar locker.

Brotbacken – einst und heute

Brot gehört zu den ältesten Nahrungsmitteln der Welt. Seit etwa 10 000 – 5 000 Jahren nutzt der Mensch Getreide und Getreideprodukte. Schon in vorgeschichtlicher Zeit wurden Zubereitungen aus Getreideprodukten gebacken und als Nahrungsmittel verwendet. Das erste Brot wurde vermutlich aus Eicheln oder Bucheckern hergestellt, die zermahlen und mit Wasser vermengt wurden. Der Fladen wurde dann auf einem heißen Stein gebacken. Den Ägyptern war das Backen bereits vor dem 2. Jahrtausend v. Chr. bekannt, und man vermutet, dass sie durch Zufall die Gärung entdeckten. Schon damals gehörte ein Backofen aus Lehm zum Haus. Die Griechen schauten den Ägyptern über die Schulter und übernahmen die Sauerteigherstellung durch direkte Mehlversäuerung. In Rom begann man um 50 n. Chr. mit dem Sieben der zerkleinerten Getreidekörner (Schrot). Spelzen und Kleie trennte man mithilfe von gekochten Tierhäuten, Ruten-, Leinfaser- und Pferdehaarsieben vom eigentlichen Mehl. Gebacken wurde das Brot in öffentlichen Öfen.

Bereits die Ägypter beherrschten die Kunst des Brotbackens

Im 12. Jahrhundert begann in Nord- und Mitteleuropa die allmähliche Verdrängung von Brei und Fladen durch gelockertes Brot. Aber nur an den Königshöfen wurde feines Brot gegessen. So konnte man die soziale Schicht gleichsam am Brot erkennen: Je härter und gröber der Fladen, desto niedriger der Stand. In Deutschland galt das Brot bis nach dem Dreißigjährigen Krieg als »Herrenessen« und Festtagskost. Die rasch ansteigenden Bevölkerungszahlen bewirkten schließlich einen Übergang von der Hausbäckerei zur gewerblichen Brotbäckerei, um die Versorgung mit dem täglichen Brot sicherzustellen. Bis zum Ende des 19. Jahrhunderts wurde Brot vorwiegend von Hand und zu Hause oder aber in kleinen nachbarschaftlichen Bäckereien gebacken.

Später übernahmen dann Maschinen diese Aufgabe. 1844 wurde in Berlin die erste Großbäckerei gegründet. Heute werden in den Bäckereien große Teigrührmaschinen, Fließbänder, automatische Backöfen sowie Kühl-, Schneide- und Verpackungsmaschinen eingesetzt.

Wichtig für das Gelingen eines Brotes ist allerdings nach wie vor das richtige Triebmittel. Das herkömmliche Triebmittel ist seit Jahrtausenden der meist aus Roggenmehl bestehende Sauerteig. In ihm stecken Säurebakterien und Hefen, die sich auf natürliche Weise entwickelt haben. Bei der Milchsäuregärung entstehen Milch- und Essigsäure, die für den Geschmack, das Aroma und die lange Frischhaltung ausschlaggebend sind. Im fertigen Sauerteig, dem so genannten Vollsauer, sollte das Säureverhältnis Milchsäure zu Essigsäure 3:1 betragen. Die alkoholische Gärung durch die Hefen ist für die Teiglockerung verantwortlich. Bei dieser Gärung entweicht CO_2. Die Herstellung des Natursauerteigs erfolgt in einer aufwändigen Dreistufenführung, die 24 Stunden in Anspruch nimmt. Für Weizenteige wird meist Hefe genommen. Dieses Triebmittel entwickelt durch Vergärung von Zucker Kohlensäure, die den Teig aufgehen lässt. Durch die Backhitze gerinnen die Eiweißstoffe, die Stärke verkleistert. Gleichzeitig hebt und lockert das Triebmittel den Teig. Poren entstehen, optimalerweise sind sie gleichmäßig verteilt.

Brot gilt seit alters her als Symbol der Götter. Die Griechen verehrten Demeter, die Römer Ceres als Göttin des Getreides und der Fruchtbarkeit. Die Sorge des Menschen ums »tägliche Brot« beherrschte das Denken. Jede Missernte stellte die Existenz infrage. So erklärt sich die Bitte im »Vater unser«: »… unser täglich Brot gib uns heute …«. Die Urform des Brotes ist der runde Fladen mit leichter Erhöhung in der Mitte. Er war nicht größer, aber meist flacher als ein Brötchen. Der Kreuzschnitt im Brot leitet sich vom Christentum ab: Durch ihn erflehte man himmlischen Segen.

Mit dem Küchenlatein am Ende? Hier hilft Kochphysik

Bei der täglichen Arbeit in der Küche fallen eine Menge Handgriffe und Tätigkeiten an, über die Sie meist nicht weiter nachdenken. Da wird gerührt und geschüttelt, gemischt und konserviert. Man hantiert mit Hitze genauso selbstverständlich wie mit Kälte.

Es ist beim Kochen also wie überall: Das scheinbar Alltägliche findet nur wenig Beachtung. Dennoch lohnt es sich, nachzufragen, wie diese so selbstverständlichen Vorgänge eigentlich funktionieren. Diese Frage wird das Mysterium von Wärme und Kälte entschlüsseln helfen und dabei vielen Phänomenen auf die Spur kommen, deren Kenntnis dem Koch das Leben erleichtern kann. Auch die Vorgänge bei der Verarbeitung der Lebensmittel gilt es unter die Lupe zu nehmen, um unliebsamen Überraschungen vorzubeugen und noch mehr spannende Einblicke in das geheime Küchenleben zu erlangen.

Wissenswertes über Wärme

Egal, ob gekocht, gebraten, frittiert oder gebacken wird, immer ist Wärme mit im Spiel. Wärme unterschiedlicher Intensität ist einer der wichtigsten Helfer in der Küche. Ohne sie würde kein Rezept fertig werden. Wenn Sie diesen mächtigen Verbündeten gezielt einzusetzen verstehen, werden Sie den Spaß am Kochen nicht so leicht verlieren. Doch was passiert tatsächlich, wenn Nahrungsmittel erhitzt werden, und warum werden manche Speisen erst durch das Erhitzen genießbar?

Wärme ist nicht gleich Temperatur
Es mag auf den ersten Blick ein wenig wie Haarspalterei scheinen, die Begriffe »Wärme« und »Temperatur« voneinander abzugrenzen. Aber für die weiteren Erklärungen ist es wichtig, jederzeit so genau wie möglich zu wissen, wovon gerade die Rede ist. Denn dann können Sie später zum Beispiel die verschiedenen Erhitzungsmethoden besser verstehen und der erfolgreichen Umsetzung der neu gewonnenen Erkenntnisse steht nichts mehr im Wege.

Unter Wärme versteht man zunächst einmal Energie, genauer gesagt: Wärme stellt die Energie dar, die von einem heißen Körper zu einem kalten Körper fließt. Temperatur hingegen ist nichts weiter als eine Messgröße, die diese Menge an Energie bestimmt, und zwar an Bewegungsenergie, denn alle Moleküle eines Stoffes befinden sich in Bewegung. Je nach Temperatur fällt diese Bewegung unterschiedlich heftig aus. Bei hohen Temperaturen bewegen sich die Moleküle heftiger als bei niedrigen, bei gefrorenen Lebensmitteln findet kaum noch eine Bewegung statt.

Mithilfe der Temperatur lässt sich beispielsweise eine Aussage darüber treffen, in welche Richtung Wärme fließen wird. Denn einem physikalischen Gesetz (dem so genannten zweiten Hauptsatz der Thermodynamik) zufolge fließt die Wärme immer von dem Körper mit der höheren Temperatur zu dem Körper, der die niedrigeren Werte aufweist. Dieser Wärmefluss wird

FÜR BESSERWISSER

Was ein Kühlschrank mit Wärme zu tun hat ...

Wenn man kaltes Geschirr in den Backofen stellt, passiert Folgendes: Die Wärme aus der Luft im Ofen strömt in das Geschirr und erwärmt es so lange, bis das Geschirr die Ofentemperatur erreicht hat. Die Backofentemperatur wiederum wird dadurch aufrechterhalten, dass Wärme von den Heizelementen zur Luft im Ofen fließt. Im Kühlschrank funktioniert das genau umgekehrt: Hier gibt ein warmer »Topf« seine Wärme an die Luft im Kühlschrank ab. Dieser wird die Wärme wiederum durch das Kühlaggregat entzogen.

so lange anhalten, bis sich die Temperaturen der beiden Körper einander angeglichen haben.

Noch mehr Wärmewerte

Stellen Sie sich nun vor, Sie legen zwei Gegenstände, die gleichen Temperaturen haben, aber aus unterschiedlichen Materialien bestehen – etwa eine gusseiserne Pfanne und einen Römertopf – in einen Backofen. Sie werden feststellen, dass sich daraufhin beide Gegenstände unterschiedlich schnell erwärmen. Um nun aber doch einen Vergleich über den Grad der Erwärmung zu ermöglichen, haben Forscher eine besondere Größe, die »spezifische Wärmekapazität« eingeführt. Sie beschreibt die Wärmemenge, die erforderlich ist, um die Temperatur eines Gegenstands um 1 °C zu erhöhen.

Heißer als kochendes Wasser – Wasserdampf

Fast jeder Koch hat schon die schmerzhafte Erfahrung machen müssen, dass eine Verbrennung mit Wasserdampf besonders heftig ausfällt. Warum ist das so? Verantwortlich dafür ist die so genannte Umwandlungswärme, auch »latente Wärme« genannt. Sie tritt immer dann auf den Plan, wenn eine Substanz ihren Zustand verändert, also zum Beispiel vom flüssigen in den gasförmigen Zustand übergeht. Kocht man nämlich Wasser, wird es irgendwann eine Temperatur von 100 °C erreicht haben. Die Temperatur des Wassers erhöht sich dann nicht weiter, auch wenn man ihm weitere Wärme zuführt. Das Wasser wird lediglich verdampfen. Dieses Verdampfen benötigt allerdings sehr viel Energie. Diese Energie nennt man Umwandlungswärme. Sie verpufft aber nicht einfach so in die Umwelt, sondern bleibt im Wasserdampf gespeichert, und der gibt sie erst ab, wenn er wieder flüssig wird. Das geschieht, wenn Wasserdampf auf der Haut kondensiert.

Wärme fließt

Die Geschwindigkeit, mit der die Wärme von einem Gegenstand auf den anderen übertragen wird, hängt von mehreren Faktoren ab. Die spezifische Wärmekapazität der Gegenstände spielt hier wieder eine Rolle, aber auch, wie stark sich die Gegenstände berühren. Je größer die Berührungsfläche ist, desto mehr Wärme kann fließen. Natürlich ist auch der Temperaturunterschied zwischen den beiden Materialien äußerst wichtig. Je größer der Temperaturunterschied ist, desto schneller fließt die Wärme. Schließlich spielt auch noch eine Rolle, wie gut die Wärme durch einen Gegenstand fließen kann. Man spricht in diesem Zusammenhang auch von der Leitfähigkeit des Stoffes. Einige wichtige Gegenstände wie Ofenhandschuhe oder Topflappen verfügen zum Beispiel über eine extrem schlechte Wärmeleitfähigkeit. Auch diesen Effekt kann man sich in der Küchenpraxis also hervorragend zunutze machen.

➤ Einige für das Kochen wichtige Temperaturen

Temperatur	Ereignis
0 °C	Wasser gefriert
4 °C	Wasser hat die geringste Ausdehnung
40 °C	Muskelproteine denaturieren
44 °C	Fischkollagen schrumpft
60–65 °C	Säugetierkollagen schrumpft
65 °C	Die meisten Salmonellenstämme sterben ab
75 °C	Geflügelkollagen schrumpft
100 °C	Wasser verdampft
130 °C	Innentemperatur des Druckkochtopfes
140 °C	Die Maillard-Reaktion setzt ein
200 °C	Es bilden sich krebserregende Stoffe – Verkohlung

Für Besserwisser

Speisen wieder erwärmen
Bei manchen Lebensmitteln wird in der herkömmlichen Kochpraxis von einem Rohessen oder Wiederaufwärmen abgeraten, so bei Bohnen, Pilzen und Spinat. Was bewirkt die Wärme oder das Aufwärmen in diesen Gemüsen? Bohnen sollten nur gekocht genossen werden. Die in ihnen enthaltenen so genannten Lectine, die im menschlichen Organismus zu Durchfall, Erbrechen und Magenschleimhautentzündung führen können, werden erst durch die Erhitzung inaktiv. Spinat enthält viel Nitrat, das sich durch die Erhitzung in Nitrit umwandelt. Für Erwachsene ist dieser Stoff ungefährlich, bei Säuglingen dagegen kann Nitrit mit dem Blutfarbstoff reagieren und Blausucht herbeiführen.

Was gefriert schneller – heißes oder kaltes Wasser?

Auf den ersten Blick scheint diese Frage müßig. Ist doch klar: Kaltes Wasser gefriert schneller, es muss ja schließlich deutlich weniger abgekühlt werden als das heiße, dürfte die häufigste Antwort lauten. Doch sie ist falsch. Tatsächlich gefriert heißes Wasser schneller. Stellt man zwei gleiche Gefäße mit der gleichen Menge Wasser, aber unterschiedlicher Temperatur in ein Gefrierfach, wird stets das heißere Wasser früher gefrieren. Dieses Phänomen ist im Labor mittlerweile mehrfach experimentell bestätigt worden. Eine vollständig befriedigende Erklärung für dieses Phänomen hat bislang allerdings noch niemand gefunden. Einige Physiker machen die zusätzliche Kälte beim Verdampfen des warmen Wassers für den Effekt verantwortlich, andere wiederum verweisen auf kleine Verunreinigungen im heißen Wasser, die als Keime für Eiskristalle dienen sollen.

Doch wieder eine andere Erklärung klingt am plausibelsten: Man muss Wasser außerordentlich viel Wärme entziehen, bis seine Temperatur nennenswert fällt. Das dauert auch recht lange. Aus dem Behälter mit dem heißen Wasser verdunstet nun eine gewisse Menge an Flüssigkeit. Und weniger Wasser gefriert in kürzerer Zeit. Das Argument, das heiße Wasser müsse doch viel mehr abkühlen, fällt hier nicht so sehr ins Gewicht, da der Wärmefluss bei großen Temperaturunterschieden bekanntlich schneller ist als bei kleinen. Heißes Wasser kühlt also auf jeden Fall schneller ab als kaltes.

Was der Koch sonst noch über Wärme wissen muss

Beim Kochen spielt Wärme nicht selten eine zentrale Rolle. Versteht man sie gezielt und in richtigen Maßen einzusetzen, lässt sich nicht nur viel Energie sparen, sondern es gelingt, die Speisen auf den Punkt genau so, wie man es sich vorstellt und wie sie es erfordern, auf den Tisch zu bringen.

Wärmeleitung in der Bratpfanne
Was passiert eigentlich, wenn der Koch eine Pfanne mit einem saftigen Stück Bratgut auf den Herd stellt? Ist der Herd noch ausgeschaltet und kommt das Bratgut nicht direkt aus dem Kühlschrank, haben Herd, Pfanne und Fleisch ungefähr die gleiche Temperatur. Schaltet man nun den Herd ein, beginnt sich die Pfanne von unten zu erhitzen. Die Wärme kommt von unten auch in den Braten. Der wird sich zunächst unten erwärmen und dann, abhängig von seiner Dichte und der Wärmeleitfähigkeit, immer weiter auch im Inneren, bis er schließlich »durch« ist. Um dies besser nachvollziehen zu können, sollten wir einen kurzen Blick auf die Vorgänge der Wärmeleitung werfen.

Wärme zeichnet sich unter anderem dadurch aus, dass sich die Moleküle des warmen Stoffs in mehr oder weniger heftiger Bewegung befinden. Je mehr man den Stoff nun erwärmt, desto heftiger bewegen sich die Moleküle. So auch in dem Bratenstück.

Hier beginnen sich zunächst die Moleküle auf der Unterseite schneller und schneller zu bewegen. Dabei stoßen sie auch an Moleküle aus den darüber liegenden Schichten, die sich noch in relativer Ruhe befinden. Diese werden durch ihre »hampeligen« Nachbarn nach und nach ebenfalls zur Bewegung animiert. Weitere Schichten des Backguts erwärmen sich. Dieser Vorgang wiederholt sich, bis sich alle Moleküle in dem Bratenstück in Bewegung befinden.

Nun sind die Moleküle – je nach Beschaffenheit des Stoffs – natürlich mehr oder weniger fest in ihre Struktur eingebunden. Dementsprechend unterschiedlich ist die Geschwindigkeit, mit der die Erwärmung voranschreiten kann.
Je leichter sich Moleküle von ihren Nachbarn zum Schwingen anregen lassen, desto schneller wird das ganze Stück heiß.

So wird klar: Mit einer extrem hohen Temperatur sorgt man eher für verbranntes als für gares Essen. Es gibt übrigens zur Berechnung der Wärmeleitung komplizierte mathematische Formeln, der professionelle Koch handelt hier aber meist aus langjähriger Erfahrung richtig.

Kochen, Frittieren und Backen
Neben der eben beschriebenen Form der Wärmeleitung beim Braten gibt es noch eine andere Form. Sie ist die häufigste in der Küche. Wissenschaftler haben ihr den Namen Konvektion gegeben. Sie tritt in vielen Situationen auf: So erhitzen Sie beispielsweise in der Fritteuse Öl, das dann um die Speisen herumzirkuliert und seine Wärme auf die rohen Kartoffelstifte überträgt, sodass diese gar werden. Konvektion kommt auch im Backofen vor: Dort wird die Luft durch Heizstäbe oder Gasflammen erhitzt, zirkuliert wiederum und gibt ihre Wärme zum Beispiel an den Backofeninhalt, den Kuchen oder den Auflauf ab.

Was geschieht also bei der Konvektion? Eine Flüssigkeit oder ein Gas (Fluid) wird erwärmt und gibt anschließend seine Wärme wiederum an einen kälteren Körper ab. Während dieses Prozesses wird das Fluid in Bewegung gehalten. Diese Bewegung funktioniert meist ganz von allein, weil heiße Luft nach oben steigt, dort ihre Hitze teilweise abgibt und abgekühlt wieder nach unten sinkt. Diese Zirkulationsbewegung kann aber auch mithilfe von Ventilatoren und ähnlichen Apparaten unterstützt werden. Auf diese Weise kann das Fluid ständig neue Energie aufnehmen und wieder abgeben.

Das Prinzip der Konvektion findet im Haushalt übrigens nicht nur in der Küche Anwendung, auch die Heizungen nutzen es gewinnbringend aus. Hier gibt es komplizierte mathematische Gleichungen, um alle Effekte genau berechnen zu können. Die Quintessenz dieser

Gleichungen besagt, dass die aufzuwendende Zeit, um ein Lebensmittel zu erhitzen, nicht in erster Linie mit seinem Gewicht, sondern vielmehr mit seiner Größe in Zusammenhang steht.

Sprudelndes Wasser, schäumende Milch

Wasser besteht aus einer Unmenge von H_2O-Molekülen (zwei Wasserstoffatome, ein Sauerstoffatom). Wird das Wasser erhitzt, bewegen sich die Moleküle heftiger. Den schnellsten Molekülen an der Wasseroberfläche gelingt es, aus der Flüssigkeit zu »fliehen«. Das funktioniert, weil diese Moleküle über genug Energie und somit Geschwindigkeit verfügen – sie verdampfen. Hat das Wasser eine Temperatur von 100 °C erreicht, besitzen alle Teilchen genug Energie zum Verdampfen.

Milch besteht zwar größtenteils aus Wasser, aber auch aus Fett und Emulgatoren. Diese sorgen dafür, dass sich kleinste Fettteilchen mit dem Wasser verbinden. Wird die Milch erhitzt, beginnen sich die Moleküle schneller zu bewegen. Geraten zwei Fettteilchen aneinander, verschmelzen sie bei einer bestimmten Temperatur. Dieser Vorgang wiederholt sich, sodass die Fetttröpfchen immer größer werden. Außerdem bilden sich am Boden des Topfes heiße Gasbläschen, die auch an die Oberfläche der Milch streben: Die Milch schäumt.

➤ Es rauscht und rauscht

Das haben Sie sicherlich auch schon bemerkt: Wenn man Wasser erhitzt, entsteht zunächst ein immer lauter werdendes Rauschen, das aber kurz vor dem Kochen des Wassers wieder leiser wird. Der Grund für dieses Geräusch ist einfach zu erklären: Beim Erhitzen des Wassers entstehen am heißen Boden des Topfes Dampfblasen, die nach oben steigen und hier, im noch kälteren Wasser, explosionsartig zusammenfallen (implodieren). Wird nun das Wasser immer wärmer, wird der Temperaturunterschied im gesamten Wasser geringer, die Heftigkeit der Implosionen nimmt ab. Hat das Wasser überall 100 °C erreicht, steigen die Dampfblasen schließlich ohne Zusammenfallen nach oben: Die Flüssigkeit siedet.

Sichtbare Wärme – Wärmestrahlung

Wärme lässt sich auch durch so genannte Wärmestrahlung übertragen. Dabei handelt es sich um eine Art von Strahlung, die man sehen kann, wie das zum Beispiel auch bei Licht der Fall ist. Alle heißen Körper strahlen Wärme ab. Es besteht ein direkter Zusammenhang zwischen der absoluten Temperatur des Gegenstands und seiner Wärmestrahlung. Die Entfernung zur Hitzequelle spielt natürlich zudem eine wesentliche Rolle. Das klassische Beispiel für die Wärmestrahlung in der Küche stellt der Grill (etwa im Backofen) dar.

Gegrilltes Fleisch entwickelt einen unverwechselbaren Geschmack

➤ Rezept-Tipp: Gegrilltes Gemüse aus dem Backofen

Es ist nicht immer ein Vergnügen, Gemüse auf dem Holzkohlegrill zubereiten zu wollen. Häufig verbrennt es – dann war die Wärmestrahlung zu hoch –, oder es will nicht gar werden oder fällt direkt durch den Rost in die Glut.

Ein kulinarisches Vergnügen, das immer gelingt, ist dagegen Grillgemüse aus dem Backofen.

Zutaten:

Zwiebeln, Paprika, Tomaten, Pilze, Zucchini nach Belieben, Schafskäse, Olivenöl, Salz, Pfeffer, Kräuter nach Geschmack

Zubereitung:

Heizen Sie den Backofen auf 200 °C vor und pinseln Sie ein Backblech mit Olivenöl ein. Putzen Sie das Gemüse und schneiden Sie es in grobe Stücke. Würfeln Sie den Schafskäse und geben Sie anschließend das Gemüse und den Käse auf das Blech. Beträufeln Sie alles mit Olivenöl, würzen Sie es mit Salz und Pfeffer und geben Sie es für 50 – 60 Minuten in den Backofen. Das Gemüse ist fertig, wenn die Ränder ein wenig gebräunt sind. Am Schluss die Kräuter hinzufügen und das Ganze mit Reis oder Brot servieren.

Die Kunst des richtigen Mischens

In der Küche wird nicht nur gebrutzelt und gesotten, das Mischen mehrerer Substanzen spielt eine mindestens ebenso große Rolle. Bei manchen Rezepten, zum Beispiel bei einer guten Mayonnaise, ist das richtige Mischen sogar entscheidend für das Gelingen. Was passiert nun eigentlich beim Mischen, und wie verbinden sich überhaupt zwei Stoffe miteinander? Viele Fragen und Grund genug, sich mit der Kunst des richtigen Mischens einmal etwas eingehender zu befassen.

Wie Tee sich färbt – Diffusion

Um dem Geheimnis des Mischens auf die Spur zu kommen, können Sie einen kleinen Versuch starten. Alles, was Sie dazu benötigen, ist ein Glas heißes Wasser und ein Teebeutel. Was geschieht, wenn Sie den Beutel ins Wasser tunken? Zunächst färbt sich in der unmittelbaren Umgebung des Teebeutels das Wasser, allmählich breitet sich diese Färbung immer weiter aus, bis sie das gesamte Wasser im Glas erfasst hat. Zunächst wird sie dann noch in der Nähe des Beutels dunkler sein, doch nach einiger Zeit hat sich das auch ausgeglichen und der Tee hat eine gleichmäßige Färbung angenommen.

Der Vorgang, den Sie hier beobachtet haben, wird in der Naturwissenschaft als Diffusion bezeichnet. Zwei Substanzen vermischen sich »einfach so« miteinander – ohne gerührt oder geschüttelt zu werden. Was passiert dabei? Die Moleküle in einer Flüssigkeit bewegen sich locker hin und her. Gibt man nun eine weitere Substanz (den Tee) hinzu, dann stoßen die Moleküle des Wassers mit denen der Substanz zusammen und ver-

FÜR BESSERWISSER

Diffusion und Konvektion

Die Diffusion funktioniert übrigens auch mit kaltem Wasser, wenn man beispielsweise einen Tropfen Tinte hineingibt. Bei heißem Wasser kommt ein weiterer Effekt, die im letzten Kapitel beschriebene Konvektion, hinzu. Sie sorgt für eine Zirkulation innerhalb des Wassers, die eine Verteilung der zu lösenden Substanz natürlich erleichtert.

An einem Glas Tee lässt sich der Vorgang der Diffusion sehr schön beobachten

teilen diese willkürlich. Dass dabei natürlich die meisten Moleküle der eindringenden Substanz zunächst an deren Quelle verteilt werden, ist leicht verständlich. Dort ist die Konzentration der Substanz und ihrer Teilchen höher als im restlichen Wasser. Der Vorgang der Verteilung beziehungsweise des Durchmischens geht nun so lange weiter, bis die Konzentration überall im Glas gleich ist.

Und sie vertragen sich doch ...

Jeder kennt das Experiment: Man schütte Öl in ein Gefäß mit Wasser, und bereits nach kurzer Zeit wird sich das Öl an der Oberfläche des Wassers absetzen – als die bekannten Fettaugen. Da hilft auch kein noch so heftiges Schütteln, so ohne weiteres lassen sich Wasser und Öl nicht mischen. Aber wie kann man die beiden einander näher bringen? Ein bewährter »Vermittler« ist der Emulgator.

Am besten können Sie sich die Fähigkeit der Emulgatoren anhand eines Beispiels vergegenwärtigen. Bei der Mayonnaise funktioniert die Mischung von Wasser und Öl mithilfe eines natürlichen Emulgators. Dieser steckt im Eigelb (Lecithin) und im Senf. Die Moleküle eines Emulgators besitzen die geniale Eigenschaft, sogar zwei entgegengesetzte Eigenschaften mit-

FÜR BESSERWISSER

Säuren bringen in Schwung

Die elektrischen Eigenschaften der Emulgatoren können noch verstärkt werden. Das geschieht durch Säure. Deshalb gibt man – abgesehen von den geschmacklichen Gründen – Essig oder Zitronensaft in die Mayonnaise. Die Säuren sorgen dafür, dass sich die elektrischen Ladungen der Emulgatoren weiter vergrößern, wodurch auch die Abstoßungskräfte zunehmen. Dadurch wird die Mayonnaise wesentlich beständiger.

➤ Warum man kräftig rühren muss

Durch einfaches Verrühren aller Zutaten werden Sie allerdings keine Mayonnaise erhalten. Vielmehr sollten Sie das Öl langsam unter die anderen Zutaten mischen und dabei kräftig rühren. Das liegt darin begründet, dass man durch das kräftige Rühren einer jeweils kleinen Menge Öl ganz feine Tropfen erzeugen kann. Diese feinen Tröpfchen benötigt man, damit die Emulgatoren überhaupt erst zur Tat schreiten können. Aber Achtung: Die Temperatur des Öls sollte nicht zu niedrig sein, denn dann wird es zu fest und es können sich wiederum keine Tröpfchen bilden.

einander vereinen zu können. Die eine Seite ihrer Moleküle ist nämlich wasserabweisend, verträgt sich aber gut mit dem Öl, während die andere Seite sich sehr gut mit den Wassermolekülen versteht. Man hat es bei den Emulgatormolekülen also mit Teilchen zu tun, die sich von beiden Flüssigkeiten angezogen fühlen.

Einfach, aber wirkungsvoll

Was nun passiert, ist unspektakulär, aber wirkungsvoll. Die Emulgatoren umschließen die Öltröpfchen mit ihrem wasserfeindlichen Teil, während sich ihr nach außen gerichteter Wasser anziehender Teil mit den Wassermolekülen verbindet. Allerdings muss verhindert werden, dass sich die einzelnen Öltröpfchen wiederum zu großen Tropfen zusammenschließen und so – quasi durch die Hintertür – für neues Chaos sorgen. Auch hier kommen die Emulgatoren wieder zu Hilfe, denn ihre wasserfreundlichen Pole sind elektrisch geladen und mit ihnen dann natürlich auch die Öltröpfchen. Da sich gleiche elektrische Ladungen aber abstoßen, ist ein Zusammenklumpen des Öls schlicht und ergreifend unmöglich.

Senf oder Tomatenmark?

Nicht nur bei der Mayonnaise oder der Vinaigrette legt der Koch Wert darauf, dass diese Soßen schön dick werden. Wenn man im Alltag von der Dickflüssigkeit einer Soße spricht, verwendet die Wissenschaft den Begriff »Viskosität«. Was ist darunter zu verstehen? Die Viskosität beschreibt, wie schnell eine Flüssigkeit unter Einfluss eines bestimmten Drucks fließt. Je langsamer sie fließt, desto viskoser ist diese Flüssigkeit. Denken Sie zum Beispiel an zwei gefüllte Tuben, etwa eine Senf- und eine Tomatenmarktube. Wird nun jeweils ein Gewicht von einem Kilogramm auf die geöffneten Tuben gestellt, kann man die Zeit messen, bis die Tuben ausgeleert sind. Die Flüssigkeit, die länger benötigt, um aus der Tube zu kommen, verfügt über eine höhere Viskosität.

Aber wie erreicht man es als Koch nun, eine Soße so anzudicken, dass sie die optimale Viskosität

➤ Rezept-Tipp: Mayonnaise und Vinaigrette

Da die komplizierten Vorgänge beim Herstellen beliebter Salatsoßen nun klar sind, wird es höchste Zeit zum Ausprobieren einiger Rezepte. Hier zunächst ein Mayonnaiserezept:

Zutaten:
1 Eigelb, 50 ml Essig, 80 ml Olivenöl, Salz und Pfeffer

Zubereitung:
Vermischen Sie alle Zutaten mit Ausnahme des Öls in einer Schüssel. Träufeln Sie das Öl langsam in die Schüssel und schlagen Sie dabei immer kräftig weiter, gegebenenfalls auch mit einem Mixer auf höchster Stufe. Innerhalb weniger Minuten wird die Mischung weiß und nahezu fest, die Mayonnaise ist fertig.

Nach einem ganz ähnlichen Prinzip »funktioniert« die Vinaigrette, ein aromatisches Salatdressing mit scharfer Note.

Zutaten:
Saft von 1 Zitrone und 1 Limette (etwa 100 ml), 60 ml Öl, 1/4 TL gemahlene Senfkörner, 1/4 TL gemahlene, geröstete Kreuzkümmelsamen, gemahlener Pfeffer

Zubereitung:
Vermischen Sie alle Gewürze in einer Schüssel mit dem Zitronensaft. Geben Sie das Öl ganz langsam und unter ständigem kräftigen Rühren dazu, bis die Flüssigkeit dick und trübe wird. Dieses Dressing können Sie für jeden Salat verwenden.

Mit der richtigen Vinaigrette wird jeder Salat zum Hochgenuss

erreicht? Da Soßen zum größten Teil aus Wasser bestehen, muss man herausfinden, wie man Wasser sozusagen »andicken« kann. Das geht zum Beispiel, indem man große Moleküle ins Wasser setzt. Warum? Die Erklärung ist einfach: Wenn eine Flüssigkeit fließt, müssen sich ihre Moleküle aneinander vorbeischieben. Je größer die Moleküle sind, desto schwerer fällt dies. Außerdem erschweren unregelmäßige Moleküle – mit ihren »Ecken und Kanten« – das Vorbeischieben von Molekülen. Natürlich funktioniert das Ganze auch mit kleinen Molekülen, etwa mit Zucker. Dann benötigt man allerdings sehr viele Moleküle, sodass die Soße leicht einen sehr süßen Geschmack annimmt – für den Sonntagsbraten eine wenig akzeptable Lösung. Grundsätzlich scheinen doch eher die großen und unregelmäßigen Moleküle das Rennen zu machen. Diese Aufgabe übernehmen in der Küche übrigens in erster Linie die Stärken und Proteine.

FÜR BESSERWISSER

Kopfzerbrechen um Pökelfleisch

Wie gesund sind gepökelte Nahrungsmittel? Nitritpökelsalz ist zum negativen Signalwort auf Verbraucherseite geworden. Im deutschen Krebsforschungszentrum wird der Rückgang von Magenkrebs darauf zurückgeführt, dass gepökeltes Fleisch immer seltener verzehrt wird. Stattdessen stehen frisches Obst und Gemüse reichlich zur Verfügung. Die Bundesforschungsanstalt für Ernährung und Lebensmittel fand dagegen heraus, dass gepökelte Nahrungsmittel nur zu etwa 3 Prozent der täglichen Nitritaufnahme ausmachen, eine weitaus größere Menge an NItrit würde durch gedüngtes Gemüse aufgenommen.

Vom Pökeln und Räuchern

Das Problem, wie man zubereitete Speisen haltbar machen und für schlechtere Zeiten aufbewahren kann, beschäftigt den Menschen seit altersher. Im Laufe der Jahrhunderte wurden verschiedene Techniken der Konservierung ersonnen, die zuweilen bis heute gepflegt werden. Ganz abgesehen davon stellt sich Ihnen im Alltag sicherlich immer wieder die Frage, wie lange bestimmte Nahrungsmittel im Kühlschrank »überleben« und wann es Zeit ist, diese zu entsorgen ... Das folgende Kapitel soll dies klären. Welche Konservierungsverfahren sind heute üblich und warum funktioniert das Konservieren überhaupt?

Barrieren für die Natur

Eines der zentralen Konservierungsverfahren ist das Pökeln. Den Vorgang, der dem Pökeln zugrunde liegt, nennt man Osmose. Zur Erinnerung: Bei unterschiedlichen Konzentrationen zweier Substanzen vermischen sich diese, sodass am Ende überall die gleiche Konzentration vorhanden ist. Dieses Naturgesetz läuft automatisch ab, solange keine Barrieren die Natur bei ihrer Arbeit behindern. Wie wird diese natürliche Neigung der Stoffe nun für das Pökeln ausgenutzt? Man legt beispielsweise einen Schinken in Salzlake, damit Bakterien, die sonst für sein Verderben sorgen würden, abgetötet oder zumindest unschädlich gemacht werden. Sie können sich ein Bakterium ein wenig wie ein mit Gelee gefülltes Kissen vorstellen, das von einer Membran umgeben ist. Das Gelee nennt man Protoplasma. Es besteht im

FÜR BESSERWISSER

Auch Zucker konserviert

Das Prinzip der Osmose funktioniert nicht nur mit Salz, sondern immer dann, wenn man es mit verschiedenen Konzentrationen und Membranen zu tun hat. Eine konzentrierte Zuckerlösung würde also genau den gleichen Effekt bewirken, aber den salzigen Geschmack des Schinkens beeinträchtigen. Eine Konservierung mit Zucker bietet sich natürlich besser für Früchte an. So bleibt man vor unangenehmen geschmacklichen Überraschungen gefeit.

Wesentlichen aus Wasser, Proteinen, Kohlenhydraten, Salzen und einer Menge chemischer Substanzen. Taucht man nun ein solches Bakterium (im Schinken) in sehr salziges Wasser, hat sein letztes Stündchen geschlagen. Denn die Natur ist bestrebt, die Salzkonzentration innerhalb des Bakteriums der des umgebenden Wassers anzugleichen. Zu diesem Zweck fließt Wasser aus dem Bakterium durch die Membran in die Salzlake. Die Membran ist nur in eine Richtung wasserdurchlässig. Wasser kann also das Bakterium verlassen, es kann aber keines mehr zurückfließen. So stellt sich der gewünschte Effekt ein: Das Bakterium trocknet langsam aus und kann sich nicht

➤ Rezept-Tipp: Orangenwein

Dieses Rezept macht sich das Prinzip der Osmose zunutze. Die Zutaten sind für 6–7 Flaschen Orangenwein.

Zutaten:

1 l Obstbrand, 4 unbehandelte, bittere Orangen, 1 unbehandelte Zitrone, 1 Vanilleschote, 5 Flaschen Weißwein, 1 kg Zucker

Zubereitung:

Legen Sie die Orangen und die Zitronen in ein großes Gefäß, geben Sie die Vanilleschote dazu. Je nach Geschmack können Sie auch Zimt oder eine Nelke hinzufügen. Übergießen Sie die Früchte mit dem 40-prozentigen Obstbrand, verschließen Sie das Gefäß luftdicht und lassen Sie es 3 Monate ziehen. Den Vorgang, der jetzt durch Osmose abläuft – ein Teil des Wassers aus den Früchten geht in den Obstbrand über – nennen Köche die Mazeration.

Nach 3 Monaten seihen Sie die Flüssigkeit durch. Dabei sollten Sie darauf achten, dass die Früchte nicht ausgepresst werden, da sonst unschöne Schlieren im fertigen Getränk entstehen. Geben Sie dann den Weißwein und den Zucker zu der Flüssigkeit (je nach Geschmack, es muss nicht das ganze Kilogramm Zucker verarbeitet werden) und füllen Sie den fertigen Orangenwein in schöne Flaschen.

Wer ein exquisites Aroma erhalten möchte, kann ein Stück Eichenholz in die Flasche geben. Damit »simulieren« Sie sozusagen die Reifung in einem Eichenfass.

mehr vermehren. So stellt es auch keine Gefahr mehr für den Schinken dar.

Dreimal Pökeln

Insgesamt unterscheidet man drei verschiedene Arten des Pökelns. Als Nasspökeln bezeichnet man das eben beschriebene Verfahren, das beispielsweise bei allen möglichen Arten von Schinken angewandt wird. Demgegenüber steht das ältere Verfahren des Trockenpökelns, bei dem das Fleisch mit Pökelsalz eingerieben und in mehreren Schichten in Fässern gelagert wird (die auf den Schiffen praktizierte Methode). Beim Trockenpökeln tritt aus dem Fleisch Saft aus, der zusammen mit dem Salz die so genannte Lake bildet. Die weiteren Vorgänge des Trockenpökelns unterscheiden sich nicht vom Nasspökeln. Beim Schnellpökeln schließlich wird das Fleisch mit der Salzlake »geimpft«. Damit kann man sicherstellen, dass die Konservierung des Fleisches bereits nach etwa drei Wochen abgeschlossen ist.

In den Rauch gehängt

Um noch ein wenig beim Schinken zu bleiben: Es soll nun um eine Konservierungsart gehen, die besonders gerne bei Fleisch, aber auch bei Fisch und einigen Käsesorten beliebt ist: das Räuchern.

➤ Verderb von Lebensmitteln

Die Tatsache, dass Lebensmittel verderben und dabei ungenießbar oder gar gesundheitsschädlich werden, war schon unseren Vorfahren bekannt. Der Grund für das Verderben blieb ihnen allerdings verborgen. Hieronymus Cardamus (1501–1576) benannte den Wassergehalt der Lebensmittel und deren Berührung mit der Außenluft als Ursachen für ihren Verderb und traf damit bereits fast den Punkt. Cardamus leitete seine Erkenntnis wahrscheinlich aus der Beobachtung ab, dass sich getrocknete Nahrungsmittel länger hielten als ungetrocknete und dass der gleiche konservierende Effekt eintrat, wenn man die Lebensmittel von der Außenluft isolierte und sie zum Beispiel unter Öl aufbewahrte. Heute weiß man, dass Luft, Wasser und auch Licht wichtige Faktoren beim Verderb von Lebensmitteln sind.

Hauchdünner geräucherter Lachs ist eine gesunde, allerdings nicht ganz preisgünstige Delikatesse

Bei dieser Art der Konservierung wird zum Beispiel ein Schinken für eine bestimmte Zeit in Rauch gehängt. Dabei nimmt er gleichzeitig ein ganz spezielles Aroma an. Dieses ist abhängig von der Holzsorte, die beim Räuchern verwendet wird.

Kalträuchern und Heißräuchern

Bei der Konservierung durch Rauch werden die schädlichen Keime und Bakterien im Fleisch abgetötet, weil das Räuchern dem Schinken wiederum Wasser entzieht. Darüber hinaus kann man das Räuchern – zumindest in seiner heißen Variante – mit einem langsamen Garen vergleichen. Auch diesen Vorgang – bei denen es ihnen mit der Zeit ziemlich heiß wird – schätzen Keime und Bakterien ganz und gar nicht. Schließlich beinhaltet der heiße Rauch außerdem unzählige verschiedene Substanzen, die den unerwünschten Organismen zu Leibe rücken, indem sie unter anderem das Eiweiß gerinnen lassen.

Grundsätzlich unterscheidet man in der Herstellung geräucherter Lebensmittel zwischen zwei verschiedenen Arten des Räucherns, dem Kalträuchern und dem Heißräuchern. Die Temperatur des Rauchs spielt dabei die entscheidende Rolle. Das Kalträuchern geht bei Temperaturen von bis zu 26 °C vonstatten und wird vor allem bei Lebensmitteln angewendet, die sich lange halten sollen. Der Prozess des Kalträucherns kann von einigen Stunden bis hin zu ein paar Tagen dauern. Heiß geräuchert wird dagegen bei einer Temperatur von 70 °C bis 100 °C. Lebensmittel, die dieser Prozedur unterzogen wurden, halten sich weniger lange als kalt geräucherte Nahrungsmittel, und zwar meist nur einige Tage.

Grundnahrungsmittel Fleisch

Fleisch oder nicht Fleisch – dazu gibt es meist klare Ansichten. Vegetarier verzichten gänzlich, überzeugte Fleischesser dagegen genießen Steaks, Braten und Würste. Doch oft fällt den Fleischliebhabern die Entscheidung, welches Fleisch es denn sein soll, nicht so leicht. Denn bei der Qualität gibt es große Unterschiede. Deshalb lohnt bereits beim Einkauf ein prüfender Blick. Denn wie gut der Sonntagsbraten tatsächlich schmeckt, entscheidet sich schon beim Kauf.

Fleisch ist nicht gleich Fleisch – hier ist es wichtig, auf Qualität zu achten

Eine erste Orientierung gibt die Farbe: Während Schwein und Geflügel helle Fleischsorten sind und deshalb eine rosa Farbe haben sollten, zeichnet sich gutes Rindfleisch durch seine dunkelrosa bis rote Farbe aus. Bereits mit bloßem Auge gut zu erkennen ist die Marmorierung des Fleisches. Hochwertiges Muskelfleisch wird von vielen feinen, möglichst weißen Fettäderchen durchzogen. Beim Garen und Braten verbessert ein höherer Fettgehalt der Muskeln den Geschmack des Fleisches, indem er es zart und saftig hält. Ohne die weiße Marmorierung lässt allerdings nach der Zubereitung der Geschmack nach. Ein weiteres Merkmal für Qualität ist die Beschaffenheit der Muskelfasern. Die Fasern sollten schlank und fein sein. Züchter werden jedoch meist nach dem Gewicht der Muskelmasse ihres Schlachtviehs und nicht nach dessen Beschaffenheit bezahlt: Je größer die Keulen, desto höher ist der erzielte Preis.

Vorsicht sollten Sie bei blassem, weichem und nässendem Fleisch walten lassen, das bereits in der Theke in seinem eigenen Saft liegt. Dieses Fleisch schrumpft dann beim Erhitzen in der Pfanne besonders stark und bekommt einen zähen faden Geschmack. Die Ursache für dieses so genannte PSE-Fleisch – für pale (englisch für »blass«), soft (»weich«), exudative (»nässend«) liegt in der Art der Tierzucht, die sich an den Wünschen des Verbrauchers orientiert. Denn je magerer die Tiere gezüchtet wurden, desto mehr steigt auch deren genetisch bedingte Stressempfindlichkeit an. Die damit verbundenen Störungen können als Folge einer Stoffwechselstörung zum PSE-Effekt führen: Innerhalb einer Stunde nach der Schlachtung, wenn die Fleischtemperatur noch deutlich über 35 °C liegt, reichert sich im Muskelgewebe zu schnell Milchsäure an. Der pH-Wert fällt deshalb schon kurz nach der Schlachtung unter 5,6. Für eine gute Qualität ist es jedoch erwünscht, dass sich das Fleisch diesem Wert über mehrere Stunden hinweg annähert. Geschieht dies zu schnell, dann reißen die Zellmembranen, die Muskelzellen können kein Wasser mehr binden. Die Folgen sind eine blasse Farbe, eine weiche Oberfläche und eine erhöhte Wässerigkeit des Fleisches. Um dieses Fleisch zu meiden, sollten Sie beim Einkaufen auf frischen Glanz und einen trockenen, rötlich-rosa Anschnitt achten.

Auch dunkles, festes und zu trockenes Fleisch kann Genießern den Appetit verderben. Ursache für diesen DFD-Effekt – von dark (»dunkel«), firm (»fest«), dry (»trocken«) – sind die oft sehr langen Transporte der Tiere zum Schlachthof: Belastungen wie Angst oder Rangkämpfe erschöpfen die Reserven des Kohlenhydrats Glykogen, das in den Muskeln als Energieträger für Bewegung dient. Durch diesen Mangel reichert sich nach der Schlachtung zu wenig Milchsäure an. Das Fleisch erhält nicht eine zu schnelle, sondern eine zu geringe Säuerung: Der pH-Wert verharrt noch Stunden nach der Schlachtung konstant bei Werten über 6,4. In diesem Milieu bleibt jedoch teilweise die Zellatmung aktiv. Sauerstoff, der in das Fleisch eindringt, wird somit schnell verbraucht. Die Aufrötung des Fleisches wird verhindert, das Fleisch bleibt unappetitlich dunkel.

Vom Trocknen und Frieren

Der Mensch konnte durch die Kenntnis bestimmter Naturgesetze, zum Beispiel der Osmose und der Diffusion, verschiedene Konservierungsmethoden entwickeln. Zu diesen gehören auch das Trocknen und Einfrieren. Im heutigen Küchenalltag ist klar, dass getrocknete Früchte oder Pilze länger halten als frische, ebenso tiefgefrorenes Gemüse und Fleisch. Welche Prozesse ermöglichen diese Haltbarkeit? Und was leistet der Flüssigkeits- und Wärmeentzug unter der naturwissenschaftlichen Lupe betrachtet?

Bakterien in der Wüste

Das Trocknen gehört zu den ältesten Konservierungsmethoden. Schon vor Jahrhunderten wurde diese Methode zur Haltbarmachung und Bevorratung von Obst, Gemüse, Fleisch und Fisch eingesetzt. Beim Trocknen wird den Lebensmitteln so viel Wasser entzogen, dass der verbliebene Wassergehalt nur noch zwischen 18 und 25 Prozent liegt. Mikroorganismen benötigen für ihr optimales Wachstum aber mehr Wasser, als in den getrockneten Lebensmitteln noch vorhanden ist. Allerdings ist beim Trockenprozess an der Luft dafür zu sorgen, dass die Lebensmittel sich in einer sehr trockenen Atmosphäre befinden. Darüber hinaus gibt es auch Trockenverfahren, die sich großer Wärme bedienen, um den Lebensmitteln das Wasser zu entziehen.

Mit Kälte konservieren

In der heutigen Zeit stellt das Einfrieren von Lebensmitteln die wohl gebräuchlichste Form der Konservierung dar. Bei der Tiefkühlung wird die Lagertemperatur der Lebensmittel deutlich unter den Gefrierpunkt gebracht, das bedeutet mindestens –18 °C. In dieser extremen Kälte wird das Wachstum von Mikroorganismen verlangsamt und teilweise sogar gestoppt. Ebenso werden chemische und physikalische Vorgänge, die das Verderben von Lebensmitteln ansonsten begünstigen, verlangsamt oder ganz verhindert. Beim Gefrieren von Lebensmitteln dehnt sich das in ih-

nen enthaltene Wasser aus und bildet Eiskristalle. Die Kristalle zerstören allerdings das Zellgewebe der Lebensmittel. Als Faustregel gilt: Je größer die Kristalle, desto mehr Zellgewebe wird zerstört.
Ist das Zellgewebe einmal zerstört, lässt es sich nicht wieder »flicken«. Beim Auftauen geht so immer etwas Zellflüssigkeit – mitsamt allen Inhaltsstoffen – verloren. Man sollte also darauf bedacht sein, möglichst kleine Eiskristalle zu erhalten, um das Zellgewebe weitgehend zu schonen. Vom schonenden Einfrieren spricht man, wenn das Gefriergut möglichst schnell auf mindestens –18 °C abgekühlt wird. Man spricht vom Schockfrosten oder Schockgefrieren, ein Verfahren, das insbesondere bei der industriellen Produktion angewendet wird.

Alles über Frost

Gerade in der industriellen Produktion kennt man inzwischen unterschiedliche Verfahren, um Lebensmittel möglichst schonend

➤ Was ist Gefrierbrand?

Da hat man sich alle Mühe gegeben und seine Lebensmittel eingefroren und dann sehen sie nach dem Auftauen verdorrt aus und weisen zudem hässliche weiße Flecken auf, die sich ganz trocken anfühlen. Kann denn Kälte Lebensmittel auch austrocknen?
Gefrierbrand ist tatsächlich nichts anderes als das teilweise Eintrocknen von Lebensmitteln, und das funktioniert auch in tiefgekühltem Zustand. Ein Wassermolekül ist nämlich immer bestrebt, dorthin zu wandern, wo ihm das gastfreundlichste Klima geboten wird. Gastfreundlich bedeutet im Fall der Wassermoleküle besonders kalt oder energiearm. Auch hier ist wieder ein ehernes Naturgesetz im Spiel: Die Natur bevorzugt immer den Zustand der niedrigsten Energie, wenn er irgendwie zu erreichen ist. In der Kühltruhe gibt es nun Bereiche, zum Beispiel an den Wänden, die kälter sind als die eingefrorenen Lebensmittel. Befinden die sich in einer Verpackung, die beschädigt ist oder durch deren Wände die Wassermoleküle entweichen können, so werden sie dies auch tun. Das Ganze geschieht zwar recht langsam, aber stetig. So trocknen die Lebensmittel langsam, aber sicher aus. Sie sollten also immer darauf achten, die Lebensmittel, die in die Kühltruhe sollen, gut zu verpacken.

Ein Kühlschrank mit mehreren Tiefkühlfächern gehört heute zur Basisausstattung jeder Küche

zu frosten. Beim Gefrierkammerverfahren lagert das Gefriergut in mehreren Etagen auf Ablageflächen und wird mit Kaltluft gefroren. Eine besonders schnelle Kühlung garantiert das Flüssiggasverfahren. Dabei werden die Lebensmittel auf einem Transportband durch einen Tunnel befördert und erhalten dort eine Flüssiggasdusche. Zumeist verwendet man für dieses Verfahren flüssiges Kohlendioxid mit -78,5 °C oder flüssigen Stickstoff, der sogar -196 °C kalt ist. Das so genannte Gefriertunnelverfahren kann auch in einem Tunnel stattfinden. Hier werden die Lebensmittel nicht mit flüssigen Gasen, sondern mit Kaltluft gekühlt. Sie werden dabei in Spiralen oder in langen »Gefrierstraßen« lange der Kälte ausgesetzt. Das Kontaktgefrieren, ein weiteres Verfahren, eignet sich für flache, eben verpackte Lebensmittel wie Spinat oder Fisch. Hier liegen die Lebensmittel zwischen Platten, durch die ein Kältemittel fließt. Das Kältemittel hält die Temperatur der Platten auf -40 °C.

Kühlen mit der »Tiefkühlmischung«

Flüssiger Stickstoff wird über verschiedene Gasfirmen, beispielsweise »L'air liquide«, oder über das Internet vertrieben. Das Kältemittel ist in auffüllbaren Druckflaschen erhältlich. Falls Ihnen kein Stickstoff zur Verfügung steht oder wenn Sie keinen besorgen können, können Sie folgende Variante ausprobieren: Hierfür benötigen Sie eine Kühltruhe oder ein Gefrierfach, um Eiswürfel herzustellen. Zerstoßen Sie etwa 1 Kilogramm Eis und fügen Sie 300 Milliliter Wasser hinzu, in dem Sie 200 Gramm Salz gelöst haben. Das Ganze rühren Sie nun am besten in einer großen Plastikschüssel mit einem Holzlöffel um. In dieses Kühlmittel können Sie nun eine Metallschüssel mit der Eismasse geben. Ab und zu sollten Sie die Eiscremerohmasse umrühren und die bereits gefrorene Masse vom Boden und von den Rändern abkratzen. Dieses Verfahren funktioniert, weil das Eis zum Schmelzen Energie benötigt. Diese entzieht es der Eiscremerohmasse. Wenn einem Stoff aber Energie entzogen wird, kühlt er ab. Das Salzwasser kommt zu diesem Zweck zum Einsatz, diesen Kühlungseffekt noch zu verstärken. So können ohne Probleme Temperaturen zwischen -12 °C und -20 °C erreicht werden.

➤ Rezept-Tipp: Speiseeis – ohne Eismaschine

Um ein leckeres Speiseeis herzustellen, benötigen Sie nicht unbedingt eine teure Eismaschine. Zwei Verfahren funktionieren auch ohne ein solches Gerät. Das Grundrezept für die Eiscreme-Rohmasse ist in beiden Fällen gleich. Sie können es natürlich ganz nach Belieben variieren.

Zutaten:

4 Eigelb, 500 ml Milch, 120 g Zucker, 1 Vanilleschote, 300 g frische Früchte, 500 ml Schlagsahne

Zubereitung:

Schlagen Sie für die Vanillesoße die Eigelbe mit der Milch in einer Schüssel auf. Mischen Sie den Zucker unter. Kratzen Sie die Vanilleschote aus und rühren Sie das Mark unter die Masse. Diese muss nun etwa 1 Stunde ziehen, damit sich das Vanillearoma ausbreiten kann.

Erhitzen Sie die Soße vorsichtig und unter ständigem Rühren – sie sollte auf keinen Fall kochen –, bis sie die gewünschte Geschmeidigkeit aufweist.

Pürieren Sie die Früchte und geben Sie sie zusammen mit der Schlagsahne zur Vanillesoße. Die Grundmischung ist damit fertig.

Kühlen Sie diese nun mit flüssigem Stickstoff: Füllen Sie die Grundmischung in eine große Schüssel, die nur bis zu einem Viertel gefüllt ist. Gießen Sie unter ständigem Rühren den flüssigen Stickstoff langsam in die Schüssel. Die Masse wird unter starkem Aufschäumen schnell zu einer schönen Eiscreme gefrieren. Aber Achtung: Der Stickstoff kann spritzen, Sie sollten Ihre Augen mit einer Brille schützen. Verwenden Sie außerdem möglichst einen Löffel mit einem wärmeisolierenden Griff, denn Stickstoff ist äußerst kalt.

Biologie pur: Die Kunst des Kochens und Genießens

Sicherlich haben Sie auch eine Lieblingsspeise, möglicherweise schon von Kindesbeinen an. Schon der Duft des Gerichts lässt uns meist ins Schwärmen geraten. Nase und Zunge sind denn auch komplizierte Geschmackswerkzeuge, die in jedem Fall eine genaue Betrachtung lohnen. Was passiert eigentlich, wenn wir etwas schmecken oder riechen?

Wer übrigens denkt, der Koch sei das einzige Lebewesen in der Küche, der irrt sich gewaltig. Ohne einige fleißige Helferlein, die teilweise nur mit dem Mikroskop zu entdecken sind, liefe am Herd nämlich gar nichts. Hingegen sieht man andere Organismen, wie Schimmel, in der Küche gar nicht so gerne. Es ist nützlich, etwas mehr über diese winzigen Mitbewohner zu erfahren. Nicht nur als Küchenhelfer oder -schädlinge spielen Lebewesen eine Rolle, sie dienen natürlich auch als Grundlage vieler unserer Speisen, zum Beispiel Fleisch und Fisch.

Vom Schmecken und Riechen

»Hhmm, das schmeckt aber gut!« Dieser einfache Satz dürfte zu denen zählen, die Köche am liebsten hören, deutet er doch darauf hin, dass das Gericht gut gelungen ist und allen hervorragend mundet. Doch welche Vorgänge laufen im menschlichen Körper ab, bevor man ein derartiges Urteil überhaupt fällen kann? Mit Kenntnis dieser Vorgänge können Sie die Wirkung bestimmter Gewürze und Gerüche besser einschätzen – ein weiterer Schritt auf dem Weg zum Meisterkoch ist getan.

»Es liegt was in der Luft ...

»... ein ganz besonderer Duft« – so heißt es in einem alten Schlager. Gute Düfte, zumal wenn sie von einem leckeren Essen kommen, bereiten dem Genießer ein ganz besonderes Vergnügen. Aber was spielt sich eigentlich in unserer Nase und in unserem Gehirn ab, wenn der Bratenduft durch die Wohnung zieht?

Der Mensch verfügt in der Nase über etwa zehn Millionen Zellen, die Gerüche registrieren können. Jede dieser Zellen mündet in einen Riechknopf, der von etwa fünf winzigen Riechhärchen besetzt ist. Diese sind in der Lage, gelöste Duftmoleküle aufzufangen. Gelangt ein Duftmolekül an das Riechhärchen, wird die Sinneszelle veranlasst, einen Nervenimpuls zu erzeugen. Die Riechnervenfasern leiten diesen Impuls dann durch die Siebbeinplatte in den Riechkolben. Von dort werden die Geruchsreize den verschiedenen Gehirn-

FÜR BESSERWISSER

Geschmacksregionen der Zunge

Verschiedene Geschmacksrichtungen kann man deshalb voneinander unterscheiden, weil die Geschmacksknospen hoch spezialisierte Gebilde sind. Der Geschmack »süß« wird von der Zungenspitze wahrgenommen, »salzig« und »sauer« von den Zungenrändern und für »bitter« ist der hintere Teil der Zunge zuständig. Die Geschmacksknospen für »bitter« sind 10 000-mal empfindlicher als jene für »süß«. Das hat auch einen wichtigen Grund, denn auf diese Weise können die meist bitteren giftigen Substanzen sehr schnell wahrgenommen werden.

zentren übermittelt und entschlüsselt: Der Geruch wird auf diese Weise wahrgenommen.

Auch während des Essens nimmt der Mensch Gerüche intensiv wahr. Beim Zerkauen der Speisen werden beispielsweise verschiedene Aromastoffe freigesetzt. Da es zwischen Mundhöhle und Nase eine Verbindung gibt, können diese duftenden Moleküle von der Mundhöhle in den Nasenraum »verdampfen« und dort von den hochsensiblen Geruchsnerven wahrgenommen werden.

Ein hochsensibles Organ – die Zunge

Hat man das Essen in den Mund befördert, nimmt die Zunge ihre Arbeit auf. Ihre mechanischen Aspekte interessieren hier weniger, vielmehr die so genannten Geschmacksknospen. Sie enthalten 30–80 so genannte Rezeptorzellen. Diese nehmen über die Geschmackssporen Kontakt zur Oberfläche der Speise auf. Die Rezeptorzellen wandeln »Geschmack« in elektrische Impulse um und leiten diese weiter zum Gehirn.

➤ »Hör mal, wie das schmeckt!«

In einer Versuchsreihe haben Professor Malcolm Povey von der Universität Leeds und sein Team im Februar 2006 mit einem empfindlichen Mikrophon die Kaugeräusche beim Zerbeißen verschiedener Kekse aufgenommen und miteinander verglichen. Dabei hat sich gezeigt, dass besonders im Ultraschallbereich – also bei den Tönen, die der Mensch nicht mehr hören kann – sozusagen »der Teufel los ist«. Das Beißen auf einen Cracker macht der Geräuschkulisse eines startenden Flugzeugs durchaus Konkurrenz – ein Glück also, dass sich dieser »Lärm« jenseits der Hörschwelle abspielt.

Die Forschungsreihen haben ergeben, dass die Anzahl der lauten Ultraschalltöne direkt mit der Knusprigkeit der Lebensmittel zusammenhängt. Hier schaltet sich das Gehirn ein. Registrieren wir nämlich bei Lebensmitteln, die frisch knuspern und knacken sollen, zum Beispiel Kartoffelchips, viele dieser unhörbaren Töne, sind wir eher geneigt, das entsprechende Lebensmittel für schmackhaft zu halten. Also: Achten Sie auf einen guten Sound ihrer Lebensmittel, schließlich isst das Ohr auch mit.

Fleisch und Fisch

Zumindest in der europäischen Küche spielen Fisch und Fleisch seit jeher eine große Rolle, nicht selten stehen sie gar im Mittelpunkt eines ganzen Menüs. Aber was ist eigentlich Fleisch und was Fisch? Eine berechtigte Frage, die sich auf naturwissenschaftliche Weise klären lässt. Dabei gibt es spannende Entdeckungen zu machen ...

Was ist Fleisch?
So mancher isst fast jeden Tag Fleisch, ohne tiefer darüber nachzudenken. Auch beim duftenden Sonntagsbraten zerbricht man sich selten den Kopf über diese Frage. Doch was ist Fleisch eigentlich? Das, was man gemeinhin als »Fleisch« bezeichnet, ist nichts anderes als Muskelgewebe. Fleisch besteht aus Muskeln. Diese bestehen aus einzelnen Fasern, die ihrerseits aus Bündeln von Proteinen aufgebaut sind. Diese Proteinbündel können sich, wenn sie über die Nerven ein entsprechendes Signal erhalten, zusammenziehen beziehungsweise entspannen und somit den Knochen, an dem sie befestigt sind, bewegen. Neben den Muskelfasern liegt im Muskel Bindegewebe, das dafür sorgt, dass die einzelnen Fasern zusammenhalten. Bindegewebe besteht zum großen Teil aus Kollagen, siehe Seite 72 (Kollagen – ein ganz besonderes Protein). Daneben gibt es mit Recitulin und Elastin noch zwei weitere Stoffe, die das Bindegewebe aufbauen. Das Kollagen, das den größten Anteil am Bindegewebe bildet, findet man hauptsächlich an den Muskelfasern. Es hat die Aufgabe, diese zusammenzuhalten. Außer den genannten Stoffen befinden sich natürlich noch wesentliche Anteile von Fett und Wasser im Fleisch.

FÜR BESSERWISSER

Zäh und zart – je nach Richtung der Fasern
Die Fasern des Fleisches können längs, quer oder gekreuzt verlaufen, wobei der gekreuzte Verlauf aufgrund der geringen Faserabstände das Fleisch am zartesten macht. Längsfasern dagegen machen das Fleisch zäh.

Das Dilemma mit den Proteinen
Der Koch steht bei der Zubereitung von Fleisch vor einem Dilemma. Es besteht darin, dass verschiedene Proteine bei unterschiedlichen Temperaturen denaturieren. Das Kollagen beispielsweise gibt seine komplizierte Struktur – wie im zweiten Kapitel bereits erwähnt – bei einer Temperatur von etwa 60 °C auf und wandelt sich in Gelatine um. Vorher ist es zäh und kaum genießbar. Mit den Proteinen, die die Muskelfasern bilden, hauptsächlich Myosin und Actin, verhält es sich etwas anders. Sie beginnen bereits bei einer Temperatur von etwa 40 °C, ihre Form unwiderruflich zu verändern. Im Gegensatz zum Kollagen aber, das sich sozusagen »entspannt«, knäulen sich die Muskelfasern zusammen, wodurch sich der Muskel etwas zusammenzieht. Diesen Effekt haben Sie sicherlich schon einmal beim Kochen beobachten können, zum Beispiel wenn sich Fleisch beim Braten »wellt«. Dieses Zusammenziehen des Muskels bringt mit sich, dass das Fleisch fester wird – eine Beobachtung, die man auch an sich selbst machen kann, wenn man seine Muskeln anspannt. Doch hartes Muskelgewebe bedeutet zähes Fleisch. Die Kunst bei der Zubereitung des Fleisches liegt darin, dafür zu sorgen, dass das Kollagen weich wird und sich dennoch die Muskeln nicht so weit zusammenziehen, dass das Fleischstück zäh wird.

Fett – Schmiermittel und Aromalieferant
Die tierischen Fette, die man im Fleisch eines Lebewesens findet, haben dort eine wichtige Funktion.

Die Zusammensetzung verschiedener Fleischsorten

	% Wasser	% Protein	% Fett
Rind	60	18	22
Schwein	42	12	45
Lamm	56	16	28
Pute	58	20	20
Huhn	65	30	5

FÜR BESSERWISSER

Faustregel zum Proteindilemma

Als grobe Regel für das Erhitzen von Fleisch gilt, dass Fleisch mit einem geringen Gehalt an Bindegewebe für kürzere Zeit und Fleisch mit einem hohen Gehalt an Bindegewebe lange erhitzt werden muss. Bei einer Pute befindet sich zum Beispiel mehr Kollagen in den Flügeln als im Brustbereich. Wenn Sie es genau wissen wollen, fragen Sie beim Einkauf am besten Ihren Fleischer, wie sich das Kollagen im jeweiligen Fleischstück verteilt.

Sie liegen in der Regel in fester Form vor und beginnen erst beim Erhitzen zu schmelzen. Das merkt man auch beim Kochen, wenn die Fette in das Bratgefäß laufen. Außerdem sind die Fette die Hauptlieferanten für das typische Fleischaroma. Darüber hinaus fungieren sie als eine Art Schmiermittel: Immer, wo sich Fett in der Nähe einer zähen Muskelfaser befindet, erscheint diese weniger zäh. Dieses Schmiermittel funktioniert natürlich nur, wenn das Fett gut mit den Muskelfasern vermischt ist. Darin liegt auch der Grund, warum durchwachsenes Fleisch seltener zäher wird als mageres.

Wasser – der größte Bestandteil

Wie man der Tabelle im Kasten »Die Zusammensetzung verschiedener Fleischsorten« (siehe Seite 114) entnehmen kann, stellt das Wasser den weitaus größten Bestandteil im Fleisch dar. Es beeinflusst seinen Geschmack und die Beschaffenheit ganz wesentlich. Schneidet man Fleisch auf, wird immer eine geringe Menge Wasser ausfließen, der Löwenanteil der Proteine allerdings wird festgehalten. Erhitzt man das Fleisch nun, denaturieren die Proteine und verlieren ihre Fähigkeit, das Wasser zu binden und es tritt verstärkt aus. Wird der Wasserverlust beim Erhitzen zu groß, erhält man schließlich ein trockenes Stück Fleisch – wahrlich kein sonderlicher Genuss.

Wenn Fleisch reift

Nach dem Schlachten beginnt die weiche, schlaffe Muskulatur der Tiere schon nach kurzer Zeit, hart und starr zu werden. Diese Verhärtung ist eine biochemisch verursachte Muskelreaktion, die Muskeln ziehen sich zusammen. Man nennt diesen Zustand auch Totenstarre. Noch festes Fleisch von frisch geschlachteten Tieren ist im

Allgemeinen zäh und hat eine geringe Wasserbindung. Darum wird es beim Braten schnell trocken und verliert beim Kochen viel Flüssigkeit. Aufgrund weiterer biochemischer Prozesse verbessert sich nach einiger Zeit die Wasserbindung des Fleisches wieder und es verliert weniger Flüssigkeit beim Garen und bleibt saftiger beim Braten. Gleichzeitig erhöht sich der pH-Wert des Fleisches. Dieser bestimmt den Säuregehalt. Je höher der Wert ist, desto saurer ist eine Substanz. Das begünstigt die Vermehrung von Bakterien, die für wichtige Prozesse bei der Fleischreifung verantwortlich sind. Selbstverständlich können sich auch solche Bakterien vermehren, die

➤ Woran erkennt man frischen Fisch?

Für eine gute Fischküche sollte der Fisch möglichst frisch sein. Aber woran erkennt man zuverlässig die Frische des Fisches? Einige Kriterien geben darüber Aufschluss:

Augen: Die Augen von fangfrischen Fischen sind immer klar. Sie dürfen nicht eingetrübt sein und sollten sich bei leichtem Fingerdruck prall anfühlen.

Haut: Die Haut sollte ihre natürliche Farbe und ihren natürlichen Glanz haben. Sie sollte rosig sein und keine Druckstellen oder Verletzungen aufweisen. Die Beschuppung sollte möglichst vollständig vorhanden sein. Ausnahme bilden die in Schwärmen lebenden Meeresfische wie Makrele oder Hering. Sie verlieren beim Fang die meisten Schuppen. Die Haut sollte mit einem klaren und durchsichtigen Schleim überzogen sein, der möglichst keine Fäden ziehen sollte. Beim leichten Druck auf die Haut sollte das darunter liegende Fleisch fest und elastisch sein. Die durch den Druck entstandene Kuhle sollte rasch wieder verschwinden.

Flossen: Frische Fische haben frei liegende, nicht verklebte Flossen. Zudem sollten die Flossen nicht eingerissen oder beschädigt sein.

Kiemen: Kiemen von frischen Fischen sind leuchtend rot und die einzelnen Kiemenblätter lassen sich deutlich erkennen. Zudem dürfen die Kiemen nicht schleimig oder verklebt sein. Eine blasse Farbe der Kiemen deutet unter Umständen auf eine Unterbrechung der Kühlkette, schlechte Lagerung oder kranke Fische aus Zuchtfarmen hin.

in der menschlichen Ernährung unerwünscht sind. Darum ist bei Fleischlagerung und Fleischreifung auf optimale hygienische Bedingungen zu achten. Die Lagertemperatur muss möglichst gleich bleibend sein. Dieser Vorgang der Fleischreifung ist auch unter dem Begriff »Abhängen« bekannt.

Fische brauchen kein Kollagen

Fische haben gegenüber Lebewesen, die ihr Dasein an Land fristen, einen großen Vorteil: Sie müssen ihr eigenes Gewicht nicht tragen. Daher müssen ihre Muskeln auch viel weniger Arbeit verrichten und sehen demzufolge anders aus. Die Muskelfasern der Fische sind in kurzen Bündeln zusammengefasst, die wiederum durch empfindliche Membranen voneinander getrennt sind. Ein zähes Bindegewebe, das den Zusammenhalt der Muskeln gewährleistet, ist hier also nicht nötig – und deshalb auch nicht vorhanden. Aus diesem Grund ist Fischfleisch immer zart. Wenn Sie hin und wieder Sushi essen, haben Sie dies sicherlich bereits bemerkt. Dieser rohe Fisch zergeht bei entsprechender Qualität auf der Zunge. Das Erhitzen macht das Fischfleisch nun sogar noch ein wenig zarter. Dabei ist es allerdings wichtig, den Fisch nicht zu lange und vor allem nicht zu großer Hitze auszusetzen, denn sonst zerfällt er, weil das Gewebe zwischen den Muskeln durch Wärme leicht zerstört werden kann. Das haben Sie vielleicht schon bei Fischfilet bemerkt, das sich bei längerem Braten in der Pfanne »zerkrümelt« beziehungsweise am Pfannenboden kleben bleibt. Auch ausreichend Öl in der heißen Pfanne kann ein Zerbrechen verhindern.

Weil Fische kein zähes Bindegewebe haben, ist ihr Fleisch stets zart

Sekundäre Pflanzenstoffe –

In zahlreichen Gesundheitsratgebern haben die sekundären Pflanzenstoffe Hochkonjunktur. Was hat es mit diesen geheimnisvollen Gesundmachern auf sich?

Ob in Paprika, Tomaten, Kürbissen oder Aprikosen – ihre intensive Rot- oder Gelbfärbung verdanken die sekundären Pflanzenstoffe den Karotinoiden. Auch in grünen Gemüsesorten wie Brokkoli, Spinat, Erbsen oder Salat sind sie enthalten. Hier wird ihre Farbe allerdings durch den grünen Blattfarbstoff Chlorophyll verdeckt. Ein Teil von ihnen wird im Körper in Vitamin A umgewandelt (Provitamin A). Die stärkste antioxidative Wirkung unter den Karotinoiden besitzt Lycopin, das in Tomaten steckt und das unser Körper besonders gut aus gekochten Tomaten aufnehmen kann. Die etwa 40 Karotinoide in verschiedenen Nahrungsmitteln schützen Haut und Gewebe des Menschen vor unerwünschten Oxidationsprozessen.

Polyphenole und Flavonoide finden sich in fast allen Pflanzen. Oft sind es Gerbsäuren, die bestimmten Lebensmitteln, zum Beispiel schwarzem Tee, Trauben und Wein, den herben Geschmack verleihen. Sie kommen als Farbstoffe, aber auch in Kirschen, Aprikosen, Beerenfrüchten oder Rotkohl vor. Gerbsäuren wirken vorbeugend gegen Herzinfarkt und schützen vor Krebs, wirken antioxidativ, entzündungshemmend und stimulieren das Immunsystem. Auch Rotwein wird aufgrund der in ihm enthaltenen Polyphenole seit geraumer Zeit eine gesundheitsfördernde Wirkung zugeschrieben. Bei Traubensaft vermutet man eine ähnliche Wirkung.

Paprika in allen Farben enthält besonders viele sekundäre Pflanzenstoffe

Gesundmacher in unserer Nahrung

Phytosterine sind in fettreichen pflanzlichen Lebensmitteln wie Sonnenblumenkernen, Nüssen und Hülsenfrüchten enthalten. Auch Pflanzenöle weisen einen hohen Gehalt an Phytosterinen auf. Sie senken die risikoträchtigen Cholesteringehalte im Blut.

Nicht nur den scharfen Geschmack verdanken Senf, Meerrettich, Kresse oder Kohl den 100 verschiedenen, in der Natur vorkommenden Glukosinolaten. Auch der ihnen zugesprochene Krebsschutzeffekt kommt von diesen »Scharfstoffen«. Voraussetzung für Geschmack und biologische Wirkung der Scharfstoffe ist ein Abbau der Glukosinolate durch pflanzeneigene Enzyme. Diese werden durch eine mechanische Bearbeitung, zum Beispiel Schneiden oder Zerkauen, aktiviert.

Sulfide sind schwefelhaltige Verbindungen, die vor allem in Liliengewächsen wie Zwiebeln, Lauchzwiebeln, Spargel und Knoblauch vorkommen. Diesen Inhaltsstoffen verdankt zum Beispiel Knoblauch seine viel gelobte Wirkung in der Volksmedizin.

Pfefferminze, Kümmel und Zitrusöl verdanken ihren intensiven Duft und Geschmack den so genannten Terpenen (griechisch »terpein« = erfreuen), einer äußerst vielfältigen Gruppe von pflanzlichen Aromastoffen. Diese erfreuen nicht nur den Geruchs- und Geschmackssinn, ihnen wird zudem Bedeutung bei der Krebsvorbeugung zugesprochen.

Phytoöstrogene aus Hülsenfrüchten und Getreide wirken ähnlich wie die menschlichen Östrogene, nur viel schwächer. Dennoch schützen Sie vor hormonabhängigen Krebsarten wie Brust-, Gebärmutter- und Prostatakrebs.

Die in Hülsenfrüchten wie Erbsen, Linsen oder Sojabohnen enthaltenen Saponine (lateinisch »sapo« = Seife) führen beim Kochen in Wasser zur typischen Schaumbildung. Das Ansehen dieser pflanzlichen Substanzen hat sich gewandelt. Galten sie früher als schädlich, stehen heute die gesundheitsfördernden Effekte der Saponine wie der Krebsschutz oder die Cholesterinsenkung im Vordergrund.

Milch, Joghurt und Käse

Kaum ein Lebensmittel hat für die menschliche Ernährung eine solche Bedeutung wie die Milch. Bereits kurz nach der Geburt sind die Säuglinge auf Milch angewiesen, um unter anderem eine funktionierende Abwehr gegen Infektionen aufbauen zu können. Durch die Vielzahl an Molkereiprodukten, die mittlerweile angeboten werden, nehmen Milch und Milchprodukte auch in der täglichen Ernährung von Erwachsenen eine herausragende Stellung ein. Grund genug also, sich diesen besonderen »Saft« etwas näher zu beschäftigen.

Milch – eine Emulsion mit vielen Beigaben

In den hiesigen Breitengraden spielt die Kuhmilch die weitaus größte Rolle.

Die Kuhmilch enthält Wasser, Proteine, Kohlenhydrate, Fette, Mineralstoffe, Enzyme und Hormone. Dabei bilden das Wasser und die Fetttröpfchen eine Emulsion, das heißt, die kleinen Fetttröpfchen sind von einer Membran umgeben und verlieren so ihre wasserabweisenden Eigenschaften. Sie können sich dadurch gut mit dem Wasser vermischen. Die weiteren Bestandteile der Milch sind in der Emulsion gelöst. Bevor es um die Milcherzeugung geht, sei noch ein kurzer Blick auf die Proteine der Milch gestattet: Die häufigsten Proteine in der Milch sind die Kaseine. Sie machen etwa 80 Prozent der Gesamtmenge an Proteinen aus. Kaseine sind der Hauptbestandteil von Quark und Käse. Die weiteren Proteine der Milch fasst man unter dem Begriff »Molkenproteine« zusammen.

Milchprodukte sind hierzulande ein wichtiger Bestandteil der Esskultur

Von der Milch zur Trinkmilch

Die frisch gemolkene Rohmilch kommt zunächst in spezielle Sammelbehälter, wo sie auf mindestens 8 °C abgekühlt wird. Die Molkerei holt die Milch regelmäßig in großen Milchsammelwagen ab, wobei die Kühlkette auch beim Transport vom Bauernhof zur Molkerei nicht unterbrochen werden darf. Schließlich soll die Aktivität der Mikroorganismen, die ansonsten dafür sorgen könnten, dass die Milch verdirbt, gehemmt werden. Nach einer groben Reinigung mithilfe von Sieben fließt die Milch in spezielle Zentrifugen. Das sind Schleudergeräte. Bei 5 500 bis 6 000 Umdrehungen werden so die feinen Schwebstoffe und Schmutz-

Milch und ihre große Familie ...

Inzwischen sind die verschiedensten Milchsorten im Handel, von der Vollmilch über die Kondensmilch bis hin zur Trockenmilch. Wo liegen die Unterschiede zwischen diesen Sorten?

Rohmilch: Sie ist die ursprüngliche, unbehandelte Milch, die eine Kuh liefert. Sie darf nur direkt vom Bauern auf seinem Hof verkauft werden.

Vorzugsmilch: Sie ist die einzige Milchsorte, die als unbehandelte Rohmilch in den Handel gelangt. Gemeinsam mit der Rohmilch unterscheidet sich die Vorzugsmilch von allen anderen Milchsorten dadurch, dass sie nicht wärmebehandelt ist.

Laktosefreie Milch: Sie stellt eine Alternative für diejenigen Menschen dar, die keinen Milchzucker vertragen, aber trotzdem auf Milch nicht verzichten möchten. Hierbei wird der Milch ein Enzym zugesetzt, das den Milchzucker in seine Bestandteile Glucose und Galactose aufspaltet, sodass dieser Zucker dann leicht zu verdauen ist. Laktosefreie Milch schmeckt durch den aufgespalteten Zucker leicht süß.

Kondensmilch: Kondensmilch ist durch Wasserentzug konzentrierte Milch. Üblicherweise wird sie mit einem Fettgehalt von 7,5 oder 10 Prozent, die fettarme Kondensmilch auch mit 4 Prozent angeboten. Es gibt sie gezuckert und ungezuckert.

Kaffeesahne: Sie wird handelsüblich mit 10, 12 oder 15 Prozent Fett angeboten. Durch Ultrahocherhitzen oder Sterilisieren kann Kaffeesahne haltbar gemacht werden und ist so auch für die Vorratshaltung geeignet.

partikel herausgeschleudert und abgeschieden. Dieser Vorgang nennt sich Zentrifugieren oder Separieren. Zugleich trennt sich die Magermilch vom Rahm. Magermilch und Rahm werden getrennt abgeleitet. Das Milchfett wird anschließend entsprechend den Fettstufen wieder zugefügt. Der überschüssige Rahm lässt sich zu Butter und Sahne weiterverarbeiten.

Pasteurisieren, Homogenisieren und Sterilisieren

Auf der Milch im Supermarkt finden Sie häufig Hinweise darauf, dass das Getränk pasteurisiert, homogenisiert oder gar beides ist. Was bedeuten diese alltäglichen Begriffe eigentlich? Und was genau ist mit der Kuhmilch passiert, bevor man sie mit derartigen Attributen belegt?

Auf der Rohmilch, die man direkt bei manchen Bauern kaufen kann, liegt oft obenauf eine Sahneschicht. Diese Schicht entsteht ganz natürlich: Sahne ist nichts weiter als Milch mit einem hohen Anteil an Butterfett. Da Fett aber leichter als Wasser ist, setzt sich die Sahne oben ab. Dass so etwas bei der Milch aus dem Supermarkt nicht passiert, liegt an der so genannten Homogenisierung. Bei diesem Vorgang wird die Milch mit hohem Druck durch eine Düse auf ein Metallsieb gesprüht. Auf dessen Rückseite entsteht so ein feiner Milchnebel, in dem das Fett in winzige Tröpfchen zerschlagen ist. Ein solches Milchtröpfchen hat einen Durchmesser von etwa einem Viermillionstel eines Millimeters. Nun können diese Mini-Milchtröpfchen von den größeren Wassermolekülen in der Schwebe gehalten werden und setzen sich nicht ab, sprich: Auf der Oberfläche der homogenisierten Milch entsteht keine Sahneschicht.

Um Krankheitserregern in der Milch keine Chance zu geben, wird die Milch erhitzt. Dieser Vorgang ist auch unter dem Begriff »Pasteurisierung« bekannt. Er verlängert zugleich die Haltbarkeit der Milch. Außerdem wird das Milcheiweiß in seiner Struktur aufgelockert und somit leichter verdaulich. Milchfett und Mineralstoffe bleiben unverändert erhalten. Es gibt verschiedene Verfahren zur Pasteurisierung. Die Kurzzeiterhitzung ist das gängigste Verfahren. Die Milch wird dabei

15–30 Sekunden auf 72–75 °C erhitzt. Die so entstandene Frischmilch ist gekühlt 8–10 Tage haltbar. Bei der Ultrahocherhitzung entsteht H-Milch. Hierbei wird die Milch bis zu 4 Sekunden lang auf 135–150 °C erhitzt. H-Milch ist ungeöffnet mindestens 6 Wochen, in der Regel sogar 3–4 Monate haltbar.

Lebensmittel können außerdem sterilisiert werden, um Bakterien und Mikroorganismen abzutöten. Dafür werden sie auf ungefähr 120 °C erhitzt.

FÜR BESSERWISSER

Warum so mancher »Quark redet«

Der Quark hat schon längst neben dem Essen einen weiteren Platz in unserem Alltag bekommen, nämlich in diversen Redensarten. »Red doch keinen Quark« heißt es da zum Beispiel. Diese Redensart ist entstanden, weil Quark bereits seit dem 16. Jahrhundert als ein wenig wertvolles Lebensmittel, die Speise der armen Bevölkerung angesehen wurde. Wer also »Quark redet«, gibt Belangloses von sich. Auch Käse galt übrigens nicht sehr viel. Die Redensart »So ein Käse« verweist auf einen ähnlichen Ursprung.

Käsebruch und Quark

Zu den beliebtesten und am weitesten verbreiteten Milchprodukten zählt sicherlich der Quark. Um Quark herzustellen, fügt man der Milch Milchsäurebakterien oder Lab hinzu. Lab ist ein Gemisch verschiedener Enzyme, das man aus dem so genannten Labmagen, einem Teil des Magens junger Wiederkäuer, gewinnt. Diese Stoffe sorgen dann dafür, dass die Milch, genauer gesagt das so genannte Kasein in der Milch, gerinnt. Die Molke, die sich als flüssiger Anteil bei diesem Vorgang bildet, wird entfernt. Den übrigen, körnigen Anteil bezeichnet man als Käsebruch, eine Vorstufe des Quarks. Diesen Käsebruch presst man durch feine Siebe und versieht ihn dann – je nach gewünschter Fettstufe – zusätzlich mit Sahne.

Beim Käse geht es noch weiter ...

Die Herstellung von Käse und Quark läuft bis zum Käsebruch im Großen und Ganzen gleich ab. Mit der Gerinnung allein ist es beim Käse aber nicht getan. Der Käsebruch wird auf etwa 41–54 °C erhitzt und wiederholt geknetet und gepresst, um die restliche Molke

Käse gibt es in unzähligen Sorten. Alle weisen eine individuelle Geschmacksnote auf

zu entfernen. Hierbei erhält der Käse auch seine endgültige Form. Der nächste Schritt ist das Salzen im Salzbad. Dies dient einerseits der weiteren Entwässerung, andererseits der Rindenbildung und Haltbarmachung. Anschließend lässt man den Käse abtropfen und lagert ihn. Während dieser unterschiedlich langen Reifezeit setzen verschiedene Mikroorganismen, also Bakterien, bei manchen Käsen zusätzlich auch Pilze, die im Käse befindlichen Fette, Eiweiße und Kohlenhydrate um. Dadurch bekommt der Käse den für ihn typischen Geschmack und seine Konsistenz.

Der große Weiße: Joghurt

Als Grundlage für Joghurt verwendet man Milch, die den gewünschten Fettgehalt bereits enthält. Diese Milch wird auf eine Temperatur von etwa 35 – 40 °C gebracht und in großen Tanks gelagert. In diese Behälter werden nun spezielle Joghurtbakterienkulturen gegeben und mit einem Rührwerk kurz durchgemischt. Danach kann man die Milch zunächst sich selbst überlassen, denn nun beginnen die Kulturen zu arbeiten. Diesen

Vorgang nennt man auch Fermentation (lateinisch »fermentum« = Gärung, Gärstoff). Aus dem in der Milch enthaltenen Milchzucker wird dabei durch Vergärung Milchsäure gebildet. Diese Milchsäure führt wiederum dazu, dass sich die Milcheiweiße zusammenlagern, so entsteht eine Gallerte. Bei diesem Prozess wird auch das Aroma gebildet, das übrigens hauptsächlich von den Stoffwechselprodukten der Bakterien herrührt.

Nachdem der gewünschte Säuregehalt des Joghurt erreicht ist, unterbricht man die Säuerung durch weiteres Umrühren. Die Joghurtmasse wird gekühlt und für die Produktion bereitgestellt. Die Fermentation dauert zwischen 6 und 10 Stunden, je nachdem, welche Bakterienkulturen und welche Fermentationstemperatur verwendet werden. Soll Fruchtjoghurt hergestellt werden, so wird am Schluss noch die Frucht hinzugegeben und der Joghurt kann in Becher abgefüllt werden.

Milch ist weiterhin die Grundlage für Kefir, ein Getränk, das ursprünglich aus dem Kaukasus stammt und zu einem langen Leben verhelfen soll. Für die Herstellung werden der Milch Kefirknollen zugesetzt. Der Milchzucker vergärt, und es bilden sich Kohlensäure sowie etwa 0,5 Prozent Alkohol, die das Sauermilchprodukt zu einem erfrischenden und leicht säuerlichen Getränk machen. Inzwischen gibt es Kefir übrigens auch in verschiedenen Fruchtzubereitungen für diejenigen, die es etwas süßer mögen.

➤ Joghurt – selbst gemacht

Um leckeren Joghurt selbst herzustellen, benötigen Sie keine komplizierten und teuren Maschinen. Füllen Sie einfach Milch in kleine Gläser oder Töpfchen und fügen Sie einen Löffel fertigen Joghurt hinzu. Diese Gläser halten Sie nun in einem Wasserbad mehrere Stunden bei milder Hitze (die Körpertemperatur ist ein guter Richtwert) warm. Allmählich wird die Milch dick, es bildet sich Joghurt. Dies ist sicherlich der einfachste Weg der Herstellung, eine Joghurtgewinnung sozusagen durch »Multiplikation« der Milchsäurebakterien.

Getreide, Mehl und Backwaren

Kaum jemand wird sich dem Duft von frisch gebackenem Brot und Kuchen entziehen können. Ohne das Mehl müssten wir allerdings auf diese besonderen Genüsse verzichten. Auch beim Andicken von Soßen findet das feine weiße Pulver gerne Verwendung. In diesem Kapitel soll der vielseitige Stoff einmal ein wenig näher unter die Lupe genommen werden. Mehl besitzt nämlich sehr viele Fähigkeiten, die es zu einem der wichtigsten Lebensmittel in der heutigen Küche prädestinieren.

Getreidekörner – da steckt was drin

Getreide sind biologisch betrachtet Gräser. Innerhalb dieser Gruppe zeichnen sie sich durch ihre Früchte, große Körner, aus. Es gibt sieben verschiedene Getreidearten: Roggen, Weizen, Gerste, Hirse, Hafer, Mais und Reis. Außerdem werden Dinkel und Buchweizen zu den Getreidearten gerechnet. Die Körner des Getreides befinden sich entweder in Ähren, in Rispen oder in Kolben. Sie bestehen aus Schale, Keimling und Mehlkörper und enthalten Eiweiß, Fette, Kohlenhydrate, Ballaststoffe und Mineralstoffe, vor allem Calcium, Fluor, Phosphate, Magnesium, Eisen, Kalium und Kieselsäure sowie Vitamin E und Vitamine der B-Gruppe. Wahrscheinlich wurde Getreide bereits in der Steinzeit vom Menschen verwendet, um sich zu ernähren. In der täglichen Ernährung nimmt man den größten Teil des Getreides in Form von Backwaren auf.

Vom Korn zum Mehl

Ein Getreidekorn besteht im Wesentlichen aus dem Keimling, dem

FÜR BESSERWISSER

Dinkel und Buchweizen

Dinkel ist eine Vorform des Weizen, der zwar im Ertrag hinter seinem bekannteren Kollegen zurückbleibt, dafür aber robuster gegen Wetterbedingungen und Krankheiten ist. Buchweizen gilt als »Pseudogetreide«, weil es eigentlich kein Gras, sondern ein Knöterichgewächs ist. Seinen Namen erhielt der Buchweizen, weil seine kastanienbraunen, dreikantigen Früchte an Bucheckern erinnern.

Je nach verwendeter Getreideart und Weiterverarbeitung befinden sich unterschiedlich viele Nährstoffe in Backwaren

Mehlkörper und einer Schale. Dabei enthält der Keimling Öl, Mineralstoffe, Vitamine und Proteine. Der Mehlkörper besteht in erster Linie aus Stärke und Proteinen, und die Schale enthält unter anderem die Vitamine und Mineralstoffe. Anhand dieser Aufzählung ist bereits zu ahnen, warum Vollkornmehl so viel gesünder ist als die weißen Auszugsprodukte. Beim Vollkornmehl werden nämlich alle Bestandteile des Korns eingesetzt, also auch die Schale und der Keim mit ihren wertvollen Vitaminen und Mineralstoffen, wohingegen bei ganz weißem Auszugsmehl ausschließlich der Mehlkörper Verwendung findet. Vitamine und Mineralstoffe wird man hier also mit der Lupe suchen müssen. Die Verarbeitung der Körner zum Mehl erfolgt auf rein mechanische Art und Weise durch das Mahlen zwischen zwei Mühlsteinen.

Von der Stärke zum Gluten

Einen wesentlichen Bestandteil des Mehls bilden kleine Stärkekörner. In diesen sind Proteine eingelagert. Die wichtigste Eigenschaft des Mehls beim Brotbacken ist, dass es so genannte Glutenschichten bildet. Bei der Bildung von Gluten oder Klebeeiweiß entstehen dünne Schichten eines sehr elastischen Materials, das sich ein wenig wie die Hülle eines Luftballons verhält. Man kann dieses Material »aufblasen«, muss aber aufpassen, dass es nicht überdehnt wird, denn dann reißt es. Im Brot sorgt Kohlendioxid für das Aufblasen der Glutenschichten. Dabei entstehen viele kleine Bläschen, das Brot wird locker.

Wie bringt man die Proteine nun aber dazu, das Gluten zu bilden? Das geschieht in erster Linie beim Kneten des Brotteiges. Denn bei diesem Vorgang werden die verknäulten Proteine voneinander getrennt und in die Länge gezogen. Dann werden sie – ähnlich wie Spaghetti, die man in ein Abtropfsieb schüttet – nebeneinander angeordnet. In dieser Anordnung können nun verschiedene Proteine, nämlich Glutenin und Gliadin, miteinander in Wechselwirkung treten und das Gluten bilden. Dieser Vorgang funktioniert allerdings nur, wenn auch Wasser mit im Spiel ist. Die Elastizität des Teigs kommt daher, dass die einzelnen Proteine nicht ganz glatt gezogen sind, sondern

➤ Rezept-Tipp: Käsewindbeutel

Zutaten für etwa 20 Windbeutel:

80 g Butter, 80 g Mehl, 3 Eier, 40 g geriebener Käse (zum Beispiel Gruyère)

Zubereitung:

Erhitzen Sie 20 Zentiliter Wasser mit einer Prise Salz und der Butter in einem Topf auf starker Flamme. Sobald die Mischung zu kochen beginnt, nehmen Sie den Topf vom Herd, schütten das ganze Mehl auf einmal hinein und rühren so lange kräftig, bis die Masse homogen ist und sich vom Rand löst. Stellen Sie den Topf auf den Herd und rühren Sie die Masse bei milder Hitze weiter. Nehmen Sie den Topf wieder vom Herd und rühren Sie 30 Gramm Käse und die Eier unter. Achten Sie dabei darauf, dass möglichst viel Luft in den Teig gelangt. Das können Sie beispielsweise dadurch erreichen, dass Sie den Teig mit einem großen Löffel von unten hochziehen und ihn dann wieder zusammenfallen lassen. Dadurch werden Luftblasen im Teig eingeschlossen.

Der Teig ist fertig, wenn er von der Konsistenz her einer dicken Mayonnaise ähnelt. Stechen Sie mit einem Löffel kleine Teighäufchen ab und legen Sie diese auf ein gefettetes und mit Mehl bestäubtes Backblech. Achten Sie darauf, dass die Häufchen nicht zu eng platziert werden. Bestreuen Sie die Teighäufchen anschließend mit dem restlichen Käse und backen Sie sie ungefähr 20 Minuten lang bei 190 °C. Während des Backens sollten Sie die Backofentür keinesfalls öffnen, da die Windbeutel sonst zusammenfallen oder austrocknen. Möchten Sie eine schöne Kruste, erhöhen Sie die Temperatur gegen Ende der Backzeit auf 250 °C.

in gewellter Form vorliegen. Deshalb verhalten sie sich ein wenig wie Spiralfedern.

Das Geheimnis der Mehlschwitze

Mehl kann hervorragend Soßen binden. Aber wieso funktioniert das überhaupt? Und wie gelingt die Mehlschwitze auch so, wie sie es soll? Bei einer Mehlschwitze werden zunächst Mehl und Fett vermischt und angebräunt (geschwitzt). Dadurch verliert das Mehl seinen typischen Geschmack, denn die Bratensoße soll ja nicht wie eine Mehlspeise schmecken. Beim Anschwitzen wird jedes Stärkekorn im Mehl von einer dünnen Fettschicht überzogen. Rührt man nun die Mehlschwitze in die Bratenflüssigkeit, kann das Wasser wegen der Fettschicht die Proteine der Stärke nicht erreichen, es werden sich also keine Klumpen bilden. Wenn man die Soße nun erhitzt, kann die Stärke im Mehl aufquellen. Da sie aber sehr fein in der Soße verteilt ist, bilden sich dennoch keine Klumpen, die Soße bindet lediglich schön an. Bereitet man die Mehlschwitze mit zu viel Fett zu, kann das Mehl nicht alles Fett binden. Aus dem überschüssigen Fett bilden sich kleine Fettpfützen auf der Soße. Bei zu viel Mehl bilden sich aus dem überschüssigen Mehl, das nicht vom Fett »geschützt« wird, unschöne Klumpen.

FÜR BESSERWISSER

Faustregel zur Mehlschwitze

Damit die Mehlschwitze gelingt, kommt es auf die richtigen Mengenverhältnisse an. Nehmen Sie zu einem Teil Mehl und einem Teil Fett ungefähr acht Anteile flüssige Säfte oder Fleischbrühe, befinden Sie sich auf der sicheren Seite. Und noch ein Tipp: Für das Anschwitzen des Mehls lässt sich besonders gut das Fett verwenden, das beim Braten aus dem Fleisch ausgetreten ist und nachher oben auf dem Fond schwimmt.

Alternative Mehlbutter

Die Alternative zur Mehlschwitze mit dem gleichen Effekt ist Mehlbutter. Hierfür werden Mehl und Butter zu gleichen Teilen vermengt und zu einer Rolle geformt, die man im Kühlschrank aufbewahrt, bei Bedarf wird ein Stück abgeschnitten. Mehlbutter hat den (unerwünschten) Mehlgeschmack. Er verschwindet im Unterschied zur Mehlschwitze erst nach etwa 20 Minuten.

Freie Radikale – reaktionsfreudig

Sie bestehen aus einem oder zwei Atomen, haben ungepaarte Elektronen, kommen überall im Körper vor und sind ziemlich reaktionsfreudig: freie Radikale. Diese fördern den Alterungsprozess. Sie attackieren schützende Zellmembranen und lebensnotwendige Proteine und schädigen das Erbgut, indem sie Bindungen zwischen den Basen zerschneiden. Im Laufe des Lebens summieren sich diese Defekte und können Krankheiten verursachen. Jedes Gewebe und jedes Organ des Körpers ist betroffen. Menschen, die unter vorzeitiger Vergreisung, dem so genannten Hutchinson-Gilford-Syndrom leiden, sind den freien Radikalen vermehrt ausgeliefert, da ihre Schutzmechanismen nicht funktionieren. Schon in der Kindheit macht sich bei ihnen der Alterungsprozess bemerkbar, ihr Leben läuft quasi im Zeitraffer ab. Aber auch für andere Krankheiten sind freie Radikale bedeutsam: Beispiele dafür sind Krebserkrankungen oder Arteriosklerose.

Für die Entstehung von freien Radikalen gibt es verschiedene Auslöser, man unterscheidet endogene und exogene. Zu den endogenen Auslösern gehören alle Stoffwechselprozesse in unserem Körper, die unter Beteiligung von Sauerstoff ablaufen. Da wir für eine Vielzahl von Prozessen Sauerstoff benötigen, entstehen als Nebenprodukt ständig freie Radikale. Dies ist ein ganz normaler Vorgang, der unserem Körper nicht schadet. Erst in größeren Mengen werden die radikalen Teilchen schädlich. Bei einer Steigerung des Energiestoffwechsels, zum Beispiel durch Sport oder andere körperliche Anstrengungen oder bei häufiger Aktivierung ganz bestimmter Zellen, zum Beispiel der weißen Blutkörperchen, werden vermehrt freie Radikale gebildet.

Einflüsse der Umwelt auf unseren Körper wie UV-Strahlen und Ozon, aber auch radioaktive Strahlung, Zigarettenrauch, Pestizide und andere Belastungen sind die sogenannten exogenen Auslöser.

Die einsamen Elektronen der freien Radikale versuchen ande-

und unberechenbar

ren Molekülen ihre Elektronen zu entreißen und setzen damit Kettenreaktionen in Gang. Unsere Erbsubstanz, die DNS (Desoxyribonukleinsäure), sind beliebte Angriffspunkte, außerdem Proteine und Lipide.

Aber freie Radikale »helfen« dem menschlichen Körper auch. Sie wehren Mikroorganismen (Bakterien und Viren) ab und eliminieren Fremdstoffe, zum Beispiel in der Immunabwehr bei Infektionen. In den Konzentrationen jedoch, wie sie heute in Industrienationen durch die immer größer werdende Belastung mit Schadstoffen vorkommen, sind Radikale dem Menschen meist schädlich. Bei dauerhaftem und starkem Angriff können außer dem frühzeitigen Altern noch andere schwer wiegende Probleme auftreten.

Unser Körper besitzt zwei Abwehrmechanismen, um der Flut freier Radikale Herr zu werden: das so genannte enzymatische und das nicht enzymatische System. Diese Systeme werden auch Radikalenfänger genannt. Der Trick dieser Abwehrsysteme ist einfach: Sie liefern den Radikalen die heißbegehrten Elektronen – ohne dabei selbst reaktionsfreudig zu werden. Zu diesen Enzymen gehören unter anderem die Glutathionperoxidase und die Superoxiddismutase. Damit diese wirkungsvoll arbeiten können, müssen verschiedene Spurenelemente wie Zink, Selen, Kupfer, Eisen und Mangan mit der Nahrung ausreichend aufgenommen werden. Nicht enzymatische Schutzmechanismen oder Antioxidanzien sind die Vitamine E und C sowie verschiedene sekundäre Pflanzenstoffe, zum Beispiel Flavonoide und Karotinoide.

Umweltgifte wie Autoabgase helfen den freien Radikalen bei der Verbreitung im Körper. Doch auch körperlicher und emotionaler Stress lassen die »innere Uhr« schneller ticken. Da das Zigarettenrauchen zu einer regelrechten Explosion freier Radikaler im Organismus führt, gehört das Nichtrauchen neben einer gesunden Ernährung zur wichtigsten Maßnahme, um den oxidativen Stress des Körpers zu verringern.

Hefe und andere Pilze

Winzige Lebewesen, die man mit dem bloßen Auge nicht erkennen kann, so genannte Mikroorganismen, zählen zu den fleißigsten Helfern in der Küche. An erster Stelle steht hier die Hefe, die nicht nur beim Backen zum Einsatz kommt und da Schwerstarbeit verrichtet, sondern auch beim Brauen des deutschen Nationalgetränks – Bier – wertvolle Hilfe leistet. Aber nicht alle Mikroorganismen sind in der Küche gerne gesehene Gäste. Schimmel zum Beispiel schätzt der Koch nur in seiner edlen Variante.

Kleine Hefe-Geschichte

Bereits seit Tausenden von Jahren nutzt der Mensch die Hefe. Aufgegangenes Brot und alkoholische Getränke wie Wein und Bier wurden in den frühen Hochkulturen des Mittleren Ostens erstmals genossen. Bekannt war dabei aber lediglich die Wirkung und Anwendung von Hefe, aber nicht ihre genauen Eigenschaften. Erst der französische Biologe Louis Pasteur (1822 – 1895) entdeckte, dass diese Organismen von essenzieller Bedeutung für den Gärungsprozess sind. Pasteur zeigte, dass ohne Hefe keine Fermentation stattfindet, und andere Organismen (wilde Hefen oder Bakterien) das Gärverhalten empfindlich stören können.

Der französische Biologe Louis Pasteur erkannte die zentrale Rolle der Hefe im Gärungsprozess

Hefe bei der Arbeit

Hefen sind einzellige Pilze. Sie zählen meist zur Gattung der Schlauchpilze. Neben den Hefepilzen werden Schimmelpilze, aber auch essbare Exemplare wie die Morchel und die Trüffel zu dieser Gruppe gezählt.

Die Hefe beginnt mit ihrer Arbeit, wenn sie auf Kohlenhydrate trifft. Besonders anregend auf die Hefe wirkt Zucker. Bei diesem Zusammentreffen wandeln die Hefepilze die Kohlenhydrate in Alkohol und Kohlendioxid um. Die dabei frei werdende Energie verwenden die Hefepilze für den eigenen Stoffwechsel. Dabei hängt es ganz von der Art der Hefe ab, wie viel Alkohol und wie viel Kohlendioxid bei dieser Umwandlung entstehen. Außerdem spielen auch die äußeren Bedingungen eine Rolle. So wandelt zum Beispiel die Hefeart, die häufig beim Backen zum Einsatz kommt, Zucker in einer sauerstoffreichen Umgebung zu Kohlendioxid und Wasser um. Das ist auch gut so, da Alkohol in unserem täglich Brot nicht viel verloren hat.

FÜR BESSERWISSER

Die alkoholische Gärung

Bei der alkoholischen Gärung wandeln die Hefen Zucker (Glucose) unter Einwirkung von Enzymen zu Alkohol und Kohlendioxid (CO_2) um. Neben den beiden Hauptprodukten entstehen bei der alkoholischen Gärung sehr viele weitere Nebenprodukte, zum Beispiel Glyzerin, höhere Alkohole, Bernstein- und Essigsäure sowie viele weitere Säuren, die hinsichtlich der Menge eine untergeordnete Bedeutung haben, für die Geschmacksbildung, zum Beispiel im Brot, jedoch entscheidend sind.

Die richtige Temperatur

Neben dem Sauerstoffgehalt ist für die Arbeit der Hefe die richtige Temperatur von großer Bedeutung. Die Hefepilze arbeiten zwar auch bei relativer Kälte, doch dann wird nur wenig Kohlendioxid freigesetzt. Da man aber für ein lockeres Brot auf relativ viel Kohlendioxid angewiesen ist, wird man einen Brotteig nicht unter Kühlschrankbedingungen ansetzen. Bei einer Temperatur von etwa 38 °C fühlt sich die Hefe so richtig wohl, die Produktion läuft auf Hochtouren. Allerdings gefällt diese Temperatur auch anderen Mikroorganismen, die zur Bildung unerwünschter Aromastoffe beitragen können. Überschreitet die Temperatur die 40-°C-Marke, stirbt die Hefe langsam ab. Bei 43 °C sind bereits nach einer Stunde fast alle Hefepilze eingegangen. Es ist also nicht einfach, eine optimale Temperatur für die Teigherstellung zu finden. Erfahrene Bäcker empfehlen etwa 25 °C.

Die saure Variante

Sauerteig ist ein Mittel zur Lockerung und Säuerung von Teig, das wahrscheinlich im alten Ägypten erfunden wurde. Dieser besondere Teig entsteht aus einem Gemisch von Mehl und Wasser unter Einwirkung von Wärme und bestimmten Mikroorganismen im Mehl und in der Luft. Diese sorgen für die Säuerung und gehen im Sauerteig eine Symbiose ein. Nach ein paar Tagen benötigen sie je nach Temperatur weitere Nahrungszufuhr in Form von Mehl und Wasser.

Umgangssprachlich unterscheidet man Sauerteig und Hefe. Gemeint ist die in Würfeln und als Pulver erhältliche Bäckerhefe, ein über Jahrzehnte aus wilden Hefen gezüchtetes robustes Produkt. Ihr fehlt allerdings der charakteristische Sauerteiggeschmack.

Weniger gern gesehen: Schimmel

Schimmelpilze finden sich als flockiger oder staubiger Überzug auf Lebensmitteln. Der berüchtigte Pilz kann die verschiedensten Farben (Weißlich, Grau, Bläulich-Grün) annehmen. Feuchte Luft fördert die Ausbreitung. Oft beginnen Schimmelpilze auf organischen Substanzen zu wuchern, wenn diese zu faulen beginnen. Zuerst bildet sich aus einer auf die Unterlage gefallenen Schimmelpilz-Spore ein so genanntes Mycel. Dieses besteht aus winzigen, dünnen, vielfach verzweigten Pilzfäden. An ihrer Spitze

➤ Rezept-Tipp: Ein einfacher Sauerteig

Verrühren Sie 100 Gramm Mehl (am besten Roggenvollkornmehl) mit Wasser zu einem dickflüssigen Teig. Lassen Sie den Teig in einer Schüssel zugedeckt an einem warmen Ort etwa 24 Stunden stehen. Dann geben Sie wieder 100 Gramm Mehl und entsprechend viel Wasser hinzu, rühren gut um und lassen den Teig erneut etwa 24 Stunden stehen.

Verfahren Sie weiter so, bis der Sauerteig backfertig ist. Das erkennt man an drei Kriterien:

- Der Teig riecht deutlich säuerlich.
- Auf der Oberfläche bildet sich Schaum.
- Wenn man einen Löffel voll Teig genauer betrachtet, erkennt man unzählige winzige Bläschen.

Rezept-Tipp: Avocadomus mit Roquefort

Zutaten:
3 mittelgroße Avocados, Saft von 1 Zitrone, 125 g Roquefort, 125 g Crème fraîche, Pfeffer aus der Mühle

Zubereitung:
Halbieren Sie die Avocados, lösen Sie den Kern heraus und heben Sie das Fruchtfleisch vorsichtig mit einem Löffel heraus. Die Schale sollte unversehrt bleiben. Beträufeln Sie das Fruchtfleisch mit dem Zitronensaft und pürieren Sie es zusammen mit dem Roquefort. Schmecken Sie die Masse mit Pfeffer ab. Schlagen Sie die Crème fraîche gut durch und heben Sie sie vorsichtig unter die Käsemasse. Füllen Sie das fertige Mus in die Avocadoschalen und servieren Sie es sofort.

wachsen sie mit großer Geschwindigkeit, sodass der Schimmel rasch große Flächen überwuchert.

Wie wird Schimmelkäse hergestellt?

Wie kann man es nun bewerkstelligen, dass beim Schimmelkäse der »richtige« und nicht der schädliche Schimmel ansetzt? Einer der bekanntesten Schimmelkäse ist sicherlich der Roquefort. Nach der Herstellung des Käsebruchs (siehe Seite 123) wird dem Käse eine Kultur von »Penicillium roqueforti« zugesetzt. 1 Woche lang verbleibt der Käse dann in Tonformen in einem Reifungsraum und wird regelmäßig gewendet. Anschließend kommen die Käselaibe in die Höhlen des Mont Combalou (Auvergne). Sie weisen zahlreiche Felsspalten auf, durch die ständig frische Luft eindringen kann. Außerdem sorgen die relativ konstanten Temperaturen von etwa 6 – 13 °C und eine Luftfeuchtigkeit von 95 Prozent für optimale Reifebedingungen. Hier wird der Käse gesalzen und pikiert, damit die feuchte Höhlenluft mit hohem Sauerstoffgehalt eindringen und das Pilzwachstum fördern kann. Rund 3 Wochen später wird der Käse dann in Zinnfolie gewickelt und zur Nachreifung für mindestens 3 Monate in dunklere und kühlere Teile der Höhlen gebracht.

Schadstoffe

Fast tagtäglich lesen wir in der Presse wenig erfreuliche Meldungen: Acrylamid, Nitrofen, BSE, Hormone, Pestizide und eine Vielzahl an Lebensmittelzusatzstoffen verderben uns den Appetit. Unter dem Begriff »Schadstoffe« werden all die Stoffe zusammengefasst, die im lebenden Organismus gesundheitliche Schädigungen hervorrufen können, wenn sie mit der Nahrung aufgenommen werden.

Zu den Umweltgiften zählen Pestizide und Schwermetalle. Pestizide sind Pflanzenschutz- und Schädlingsbekämpfungsmittel, die so auf die Felder gebracht werden, dass sie dem Regen widerstehen können. Obst und Gemüse sollten Sie deshalb gründlich unter lauwarmen Wasser waschen, besser noch mit einer weichen Bürste oder einem Schwamm schrubben. Da sich die Pestizide bei Freiland-Salaten gern in den äußeren Blättern niederlassen, sollten Sie diese nicht verzehren. Innereien wie Leber und Niere, aber auch Wildpilze, Mohn, Sesam und Sonnenblumenkerne speichern Schwermetalle und sollten deshalb nicht zu häufig auf dem heimischen Speisezettel stehen.

Nitrat essen wir täglich, es ist ein natürlicher Pflanzenstoff, aber auch ein Düngemittel. Nitrat selbst ist kaum giftig, problematisch dagegen sind seine Umwandlungsprodukte Nitrit und Nitrosamine. Sie sind krebserzeugend. Nitratreiches Gemüse ist zum Beispiel Blattsalat, Spinat, Fenchel, Mangold, Rettich, Radieschen, Rucola, Kohlrabi; nitratarm sind Spargel, Rosenkohl, Porree, Paprika, Tomaten. Nitratreiches Gemüse sollten Sie kühl aufbewahren, die tiefe Temperatur verzögert den Umwandlungsprozess. Blanchieren und Kochen in viel Wasser (das Sie nicht weiterverwenden) verringert den Nitratgehalt, Dünsten und Garen in der Mikrowelle dagegen nicht. Gepökeltes wie Kasseler oder Räucherspeck gehört nicht auf den Grill. Dabei entstehen Nitrosamine. Kleinkinder dürfen in den ersten vier Monaten kein nitratreiches Gemüse oder Wasser erhalten. Im Körper des Säuglings gebildetes Nitrit stört den Sauerstofftransport

in der Nahrung

des Blutes und kann zur lebensgefährlichen Blausucht führen.

Benzpyrene, so genannte polyzyklische aromatische Kohlenwasserstoffe (PAKs), sind stark krebserregend. Sie entstehen vor allem beim Braten, Backen, Grillen und Räuchern, stecken in Autoabgasen und im Zigarettenrauch. Schneiden Sie dunkle Ränder ab und ziehen Sie auch die Haut von Räucherfischen ab. PAKs entstehen auch beim Braten mit hohen Temperaturen, deshalb sollten Sie schwarze verbrannte Stellen an Fleisch und Backwaren großzügig entfernen. Beim Grillen werden PAKs durch herabtropfendes Fett gebildet, das sich in der Glut zersetzt, im Rauch aufsteigt und am Grillgut ablagert. Deshalb sollten Sie vorzugsweise mageres Fleisch, Aluschalen oder Grills mit seitlicher Glut verwenden.

Lebensmittelinfektionen treten häufig auf. Besonders gefährliche Erreger wie Salmonellen oder EHEC-Bakterien (enterohämorrhagische Escherichia-Coli-Bakterien) haben schon für wahre Epidemien gesorgt. Meist ist mangelnde Hygiene schuld. Eier zum Beispiel sind sehr anfällig für Salmonellen und im Kühlschrank am besten aufgehoben. Vor dem Verzehr sollten Eier mindestens fünf Minuten kochen, Rühreier vollständig geronnen sein. Desserts aus rohem Ei (Mousse au Chocolat) dürfen nur kurz bei Raumtemperatur stehen bleiben. Auch Geflügel ist anfällig für Salmonellen. Deshalb langsam im Kühlschrank auftauen lassen.

Schimmelpilze können schmackhaft sein, so beim berühmten Roquefort. Andere schaden langfristig der Gesundheit, ja können sogar Krebs erzeugen. Besonders kritisch sind die so genannten Aflatoxine. Werfen Sie Konfitüre mit Schimmel weg. Beim Brot kann man kleine, neu entstandene Flecken großzügig herausschneiden, besser ist es jedoch, das Brot in den Müll zu werfen. Angeschimmelte Milchprodukte gehören ebenfalls in den Abfall. Vorsicht Faulstellen: Bei Äpfeln die Stellen herausschneiden, saftreiches Obst wie Birnen oder Pfirsiche wegwerfen.

Ohne Technik geht es nicht

Ist von Kochen die Rede, kann zweierlei gemeint sein. Einmal die Zubereitung von Lebensmitteln. Im engeren Sinn bedeutet Kochen aber auch, Nahrungsmittel, die vollständig von Wasser umgeben sind, zu garen. Kochen ist damit nur eine von vielen Garmethoden, zu denen Schmoren, Dünsten, Dämpfen, Grillen, Frittieren, Backen und Braten gehören. Sie alle haben eines gemeinsam: Sie machen unsere Lebensmittel genießbar.

Was unterscheidet die einzelnen Methoden voneinander, und was läuft technisch oder wissenschaftlich ab, wenn wir diese Garmethoden anwenden? Auch Pökeln, Räuchern, Einkochen und weitere Verfahren zur Konservierung sind aus naturwissenschaftlicher Sicht spannende Angelegenheiten. Kulinarische Raffinesse wird nicht zuletzt durch die »hochtechnisierte« Ausstattung unserer modernen Küchen ermöglicht.

Kleines Zubereitungs-Know-how

Bleiben Nahrungsmittel roh, sind sie für uns hochzivilisierte Menschen nur schwer verdaulich. Viele ihrer Vitamine und Nährstoffe bleiben unerschlossen, weil sie erst durch Hitze oder aufgrund bestimmter chemischer Reaktionen oder Zusätze wie Fett von unserem Organismus verwertet werden können. Meist werden Nahrungsmittel heute unter Anwendung erhöhter Temperaturen zubereitet. Unter Hitzeeinwirkung lockert sich die Faserstruktur. Eiweiß quillt und gerinnt, Stärke verkleistert.

Lebensmittel garen – aber wie?
Abhängig von Zutaten und Gericht werden in der heutigen Küchenpraxis unterschiedliche Garmethoden eingesetzt.

Kochen, Garziehen und Dünsten sind Gartechniken, mit denen vor allem Gemüse, Kartoffeln, Nudeln, aber auch Fleisch zubereitet werden können. Nahrungsmittel werden gekocht, indem sie in eine relativ große Menge siedender Flüssigkeit bei etwa 100 °C getaucht werden. Im Gegensatz dazu werden beim Garziehen empfindliche Lebensmittel, beispielsweise Eier, bei 75–95 °C ins Wasser gegeben. Wenn das Gargut in einem geschlossenen Gefäß in wenig Flüssigkeit und in der Regel mit etwas Fett gegart wird, nennt sich dies Dünsten.

Eine andere Methode ist das Schmoren von Fleisch oder auch Gemüse. Dabei wird das Bratgut durch rasches Anbraten bei etwa 180 °C in heißem Fett gegart. Meist erfolgt ein Weitergaren im geschlossenen Topf in wenig siedender Flüssigkeit und Wasserdampf bei etwa 100 °C.

Kleinere Fleischstücke und Fisch werden meist mit etwas Fett in der Pfanne kurz gebraten. Dabei wird das Bratgut von einer Seite gebräunt und muss deshalb gewendet werden. Bei dieser Prozedur bilden sich die gewünschten Röststoffe, die dem Gargut den charakteristischen Geschmack verleihen. Wegen der hohen Wärmeabstrahlung sollten die Temperaturen in der Pfanne nicht über 150 °C hinausgehen.

Alltäglich ist das Braten im Backofen, genauer gesagt: das Garen unter Bräunung mit oder ohne Fettzugabe in einem Gefäß bei 160 – 250 °C. Größere Fleischstücke oder Geflügel steckt man in den Backofen. Hier erreicht die Hitze das Gargut von allen Seiten.

Weitere Methoden: Dämpfen und Frittieren

Beim Dämpfen gart das Kochgut in einem Siebeinsatz im Wasserdampf bei Temperaturen um etwa 100 °C. Dämpfen ist die sanfteste Art des Garens. Der typische Eigengeschmack von Gemüse, Fleisch und Fisch bleibt optimal erhalten. Beim Dünsten wird im eigenen Saft oder unter Zugabe von etwas Fett gegart. Meist fügt man wenig Flüssigkeit hinzu oder nutzt Wasserdampf mit Temperaturen unter 100 °C.

Garziehen oder Pochieren ist Garen in siedender Flüssigkeit bei Temperaturen zwischen 80 und 90 °C. Die Flüssigkeit darf nicht kochen, sondern nur leicht sprudeln.

Bekannt ist auch das Frittieren und Ausbacken. Dabei gart und bräunt man im heißen Fettbad bei Temperaturen zwischen 170 und 200 °C. Beim Frittieren werden die Lebensmittel von allen Seiten gleichmäßig gebräunt, zum Beispiel Pommes frites, Kroketten oder panierte Fischportionen. Frittieren ist eine sehr fettreiche Garmethode. Das Fett sorgt jedoch für eine gleichmäßige Verteilung und Übertragung der Hitze. Das Gargut wird erst in das Fett gelegt, wenn das Fett die richtige Temperatur hat.

Verschiedene Gartöpfe

Beim Grillen gart das Gut durch Strahlungs- oder Kontakthitze bei hoher Temperatur (etwa 250 °C) im Backofen- oder auf dem Holzkohle- oder Elektrogrill und bräunt sich dabei. Beim Wasserbad wird das Kochgut allmählich im offenen Topf erwärmt, der in heißem, nicht kochendem Wasser hängt. Das Wasserbad wird für Soßen und Cremes angewandt, die als Zutat Butter, Eier oder Sahne enthalten, zum Beispiel Sauce hollandaise, und alle Gerichte, die bei der Zubereitung auf der Kochstelle gerinnen oder leicht anbrennen könnten, zum Beispiel Eierstich.

Foliengaren erfolgt in einer hitzebeständigen Folie im Backofen im

FÜR BESSERWISSER

Grillen, die uralte Methode
Grillen ist übrigens die älteste Garmethode. Schon unsere Vorfahren in grauer Steinzeit haben ihre Fleischspieße ins Feuer gehalten. Die Hitze wirkt als Strahlungswärme ohne Leitung durch Wasser oder Fett direkt auf das Gargut ein. Öle, Fette oder Marinaden dienen hier nur zum Bestreichen der Oberfläche des Gargutes, zum Beispiel gegen das Austrocknen.

eigenen Saft bei Temperaturen um 200 °C. Dies ist eine sehr nährstoffschonende Garmethode, bei der Aromen erhalten bleiben. In Alufolie entsteht keine Bräunung. Die Folie sollten Sie zufalzen, damit keine Flüssigkeit entweichen kann. Außerdem sollte die Folie nicht zu eng um das Gargut gespannt sein, es muss etwas Platz für die Dampfentwicklung bleiben.

Eine besondere Garmethode ist der Römertopf: In einem Tontopf wird das Gargut im eigenen Saft schonend und fettarm tischfertig. Der Topf aus porösem Ton muss vor jeder Benutzung einige Zeit in kaltem Wasser gewässert werden und wird immer in den kalten Backofen gestellt. Beim Garen gibt der Tontopf das aufgesaugte Wasser in Form von Dampf ab. Die Speisen bleiben saftig.

Von Drucktopf, Blanchieren und Glasieren

Beim Schnellkochen wird in einem luft- und wasserdicht abgeschlossenen Topf unter Druck bei Temperaturen zwischen 108 und 118 °C gegart. Im Topfinnenraum entsteht bei der Erwärmung der Flüssigkeit ein Überdruck, der die Temperatur ansteigen lässt. Dadurch wird die Garzeit der einzelnen Speisen um etwa zwei Drittel verkürzt.

Auch Garen bei Niedrigtemperatur ist möglich. Um besonders saftiges Fleisch zu erhalten, lässt sich die Niedrigtemperatur-Garmethode mit Fleischthermometer einsetzen. Das gut angebratene Fleisch wird im vorgeheizten Backofen bei 60 °C (Heißluft) bis 80 °C (Ober-/Unterhitze) in etwa 4 Stunden ohne Deckel gegart. Die Temperaturangabe muss bei dieser Garmethode sehr genau eingehalten werden. Am Ende der Garzeit muss die Kerntemperatur des Fleisches mindestens 60 °C betragen. Diese Methode ist nur für Rind- und Lammfleisch geeignet. Die übrigen Fleischsorten

Ein bisschen Küchenlatein

Abdämpfen: Verringerung unerwünschter Flüssigkeit bei gegarten Lebensmitteln auf der Herdplatte, zum Beispiel Kartoffeln.

Ablöschen: Mehlschwitze, Soßenfond, angebratenes Fleisch oder Gemüse unter Rühren mit Flüssigkeit auffüllen – es zischt.

Abschlagen: Zutaten für Soßen und Cremes im Wasserbad ständig mit dem Schneebesen schlagen, dabei langsam erwärmen, bis eine gebundene Masse entstanden ist. Abschrecken: heiße Speisen ganz kurz mit kaltem Wasser überbrausen.

Auslassen: Erwärmen von klein geschnittenen fetthaltigen Lebensmitteln zur Fettgewinnung, zum Beispiel Speck anbraten, bis das Fett ausgelaufen ist und der Speck goldbraun ist.

Bardieren: Mageres Fleisch oder Geflügel mit Speckscheiben umwickeln und anschließend eventuell mit Küchengarn zusammenbinden (französisch »barder« = umhüllen), damit es beim Garen nicht austrocknet.

Beizen: Einlegen von Fleisch, Wild oder Fisch in eine Essig- oder Weinmischung oder in Buttermilch mit Gewürzen und Kräutern.

Binden, Andicken: Flüssigkeiten wie Soßen, Milch, Suppen, Brühen durch Zugabe von Bindemitteln, zum Beispiel Mehl oder Speisestärke.

Dressieren: Garfertige Lebensmittel mithilfe von Stäbchen, Klammern, Faden oder Nadel und Faden in die gewünschte Form bringen, zum Beispiel Geflügel oder Rollbraten.

Flambieren: Speisen mit einer kleinen Menge meist erwärmter, alkoholhaltiger Flüssigkeit übergießen und anzünden.

Filetieren: Rohe tierische Lebensmittel von Haut, Kopf und Gräten befreien und in Stücke teilen. Oder das Herauslösen von Filets einer Zitrusfrucht.

Karamellisieren: Speisen mit Zucker überziehen, der zu Karamell (hellbraun) gekocht ist. Dieses Verfahren wird zum Beispiel bei Möhren und Esskastanien angewandt.

Legieren: Einrühren von Eigelb (eventuell mit Sahne vermischt) in eine heiße Flüssigkeit, zum Beispiel Soße oder Suppe. Legieren fördert die Sämigkeit.

Marinieren: Fleisch in Marinade einlegen, die – im Gegensatz zur Beize – als Grundlage einer Soße verwendet wird. Das Marinieren dient zur Geschmacksübertragung, zur Haltbarmachung und zur Strukturverbesserung des Eingelegten.

Marinieren: Lebensmittel wie Leber, Schnitzel oder Fisch vor dem Braten in Mehl wenden.

Panieren: Umhüllen von gewürzten, zum Teil in Mehl und verschlagenem Ei gewendeten Speisen, die gebraten oder frittiert werden sollen, um das Gargut saftig zu halten und eine schmackhafte Kruste zu bilden.

Parieren: Fleisch oder Fisch von Haut, Fett und Sehnen befreien und für die Zubereitung sauber zurechtschneiden.

Passieren: Weiche, rohe oder gegarte Lebensmittel oder Speisen, zum Beispiel Brühen oder Kartoffeln, durch ein Sieb pressen oder streichen.

Reduzieren, Einkochen: Brühen, Suppen und Soßen in einem offenen Gefäß mit großem Durchmesser kochen, bis so viel Flüssigkeit wie gewünscht verdampft ist und sie konzentrierter und sämig sind.

Schlagen, Aufschlagen: Mit einem Schneebesen Luft in Lebensmittel einarbeiten, zum Beispiel bei Schlagsahne, Eiweiß oder Sauce hollandaise.

Stocken: Verfestigen von Eimassen, zum Beispiel Eierstich, oder Fleischpasteten im Wasserbad, in heißer Luft (Backofen) oder in der Pfanne (zum Beispiel Rührei).

Tranchieren: Rohe oder gegarte Lebensmittel in Scheiben (französisch »tranche« = Scheibe) oder in Teile schneiden, zum Beispiel Zerlegen von Geflügel.

Unterheben, Unterziehen: Langsames und vorsichtiges Einrühren von feinen Substanzen wie Mehl oder Flüssigkeiten in einen Teig oder Eischnee, zum Beispiel geschlagene Schlagsahne unter eine Masse heben. Dabei soll die Luftlockerung erhalten bleiben.

Wässern: Einlegen in Wasser, zum Beispiel Heringe, Sardellen, Niere, Zunge, um unerwünschte Bestandteile herauszulösen.

In der heutigen Küchentechnik werden verschiedene Herdmodelle angeboten

benötigen eine höhere Kerntemperatur.

Kuchen werden in heißer trockener Luft (100–225 °C im Backofen) gegart. Bei der Vielzahl der Gebäckarten ist die jeweils richtige Temperatur wichtig. Zu schnelle Krustenbildung durch zu hohe Temperatur verhindert das Aufgehen des Teiges, das Gebäck wird eher verbrannt als gegart. Zu niedrige Temperatur lässt das Backgut austrocknen.

Beim Blanchieren wird Gemüse kurz in kochendes Wasser gegeben und dann mit kaltem Wasser abgeschreckt. Diese Methode ist zum Vorgaren wichtig. Gemüse wird durch Blanchieren bekömmlicher und verarbeitungsfähiger. Die Bitterstoffe werden entzogen, Kohlblätter weich und formbar. Die Blanchierzeiten betragen für empfindliche Gemüse wie Blattspinat nur wenige Sekunden, zum Vorgaren je nach Sorte 4–6 Minuten.

Salz – ein Geschenk der Götter

Neres, die griechische Göttin des Meeres, hatte Peleus, dem Vater des Achill, das Salz als Hochzeitsgeschenk vermacht. Seither galt Salz als Göttergabe. Nicht nur bei den Griechen, sondern auch im Alten Testament wird Salz eine besondere Bedeutung zugemessen: Der Bund mit Aaron wird zum Beispiel auf »ewig durch das Salz von Yahwe« besiegelt. Salz war so wertvoll, dass es nur sehr sparsam verwendet wurde. Ein Mangel an Salz war ein Fluch. Es fehlte das sprichwörtliche »Salz in der Suppe«, was durchaus gesundheitliche Konsequenzen haben konnte. Im Überfluss wurde Salz als Segen empfunden. Mit Salz konnten Hungerszeiten überwunden werden, denn verderbliche Nahrungsmittel konnten damit haltbar gemacht werden. So stieg gerade in Krisenzeiten der Salzverbrauch rapide an.

Wie kann Wärme übertragen werden?

Ohne Hitze lassen sich unsere Speisen nicht garen. Für die einzelnen Gartechniken wendet man unterschiedliche Formen an, um Wärme zu übertragen (von der Gefäßwand oder Wärmequelle zur Oberfläche des Gargutes). Auch die Temperaturen sind je nach Speise unterschiedlich zu handhaben. Die Wärmeübertragung auf das Gargut kann durch Wärmeströmung (Konvektion), Wärmestrahlung, Wärmeleitung oder durch Mikrowellen erfolgen.

Wärme strömt

Bei der Wärmeströmung (Konvektion) erfolgt die Übertragung auf das Gargut von allen Seiten durch Wasser oder Fett. Diese Flüssigkeiten geraten durch Ausdehnung in aufsteigende strömende Bewegungen. In einem erwärmten Topf steigt das warme Wasser nach oben. Dort kann es über zwei Wege abkühlen: entweder durch Verdampfung an der Oberfläche (Kühleffekt) oder über den oberen kühleren Bereich des Topfes (Strahlungseffekt). Das abgekühlte Wasser sinkt auf der Seite wieder zum Bodentopf. Durch diese Bewegung werden wärmerer und kühlerer Wasserbereich vermengt. Ohne Bewegung könnten Flüssigkeiten nur sehr schwer erwärmt werden, da sie schlechte Wärmeleiter sind. Wenn eine Temperatur von über 100 °C am Bodentopf erreicht ist, entstehen Dampfbläschen, die nach oben steigen und damit zur zusätzlichen Verwirbelung der Flüssigkeit beitragen.

Geheimnis Wärmestrahlung

Die bei Wärmestrahlung erzeugte trockene Hitze wirkt konzentriert auf eine Seite des Gargutes. Durch Drehen oder Wenden – etwa beim Grillen – wird dieses von allen Seiten gar. Diese Form der Strahlung können wir nicht sehen, wir können sie jedoch spüren. Unser Auge reagiert nicht auf Wärmestrahlung (aufgrund der zu geringen Ener-

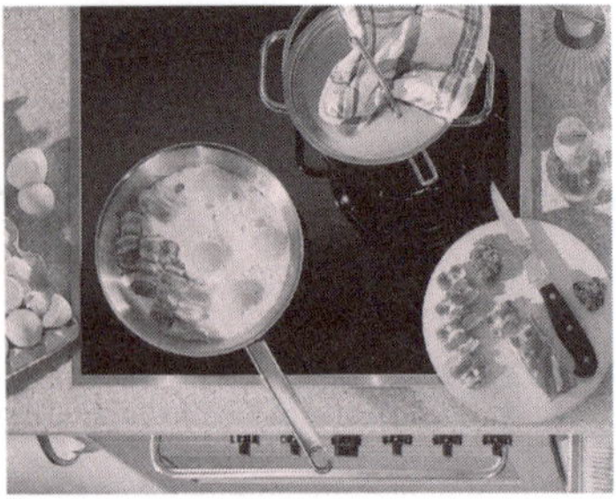

Die Übertragung von Hitze ist beim Kochen das A und O

gie). Wenn wir jedoch mit den Fingerkuppen in die Nähe der Wärmequelle gelangen, spüren wir eine Erwärmung der Haut. Achtung: Es benötigt ein paar Sekunden, bis unser Körper die Wärme registriert, also die Finger nur sehr langsam an die Wärmequelle heranführen.

Fett, der beste Wärmeleiter

Nach der Wärmelehre geht Energie von selbst nur von Körpern höherer Temperatur auf diejenigen mit tieferer Temperatur über. Das heißt, ein Körper wird nicht von allein heißer oder kälter, er muss mit einem wärmeren oder kälteren Körper in Kontakt stehen. Stellen wir einen Topf mit Wasser auf eine heiße Herdplatte, werden der Topf und das darin befindliche Wasser heiß. Warum? Die Herdplatte ist heißer als der Topf mit Wasser, die Moleküle der Herdplatte bewegen sich schneller als die des Topfes. Durch den Kontakt zwischen Platte und Topf werden die Moleküle des Topfes angeregt. Er erwärmt sich ... Streng genommen kommt es also zu zwei Wärmeleitungsprozessen. Zuerst werden die Moleküle des Topfes durch die der Platte angeregt, dann die Moleküle des Wassers oder Gargutes durch die des Topfes. Bei der Wärmeleitung wirkt eine kombinierte Wärmeübertragung auf das Gargut ein, etwa beim langen Braten im Backofen. Wärme übertragendes Medium ist das Fett. Es kann beim Garvorgang Temperaturen von etwa 200 °C erreichen. Beim Langbraten und Grillen kann die Temperatur der Luft 300 °C und mehr betragen.

Was passiert in der Mikrowelle?

Das Funktionsprinzip der Mikrowelle grenzt für viele fast an Zauberei: Die Mikrowellenstrahlung – genauer gesagt 2 450 Millionen Schwingungen in der Sekunde – bringt die Wassermoleküle im Gargut zum Schwingen. Warum? Ein Wassermolekül H_2O hat eine leicht drei-

FÜR BESSERWISSER

Lieber nicht in die Mikrowelle ...

Das Garen in der Mikrowelle ist nach Erkenntnissen von Wissenschaftlern die schädlichste Art, Gemüse zuzubereiten. In der Mikrowelle werden demnach durch die erzeugte Reibungswärme nahezu alle im Gemüse enthaltenen Antioxidanzien zerstört – Substanzen, die nach bisherigen Erkenntnissen die Körperzellen gegen die schädlichen freien Radikale und damit vor einer Reihe von Erkrankungen schützen.

eckig anmutende räumliche Form. Durch elektrische Ladungen ist dieses Wassermolekül leicht polarisiert. In einem elektrischen Feld richten sich die Wassermoleküle aus. Polt man das äußere Feld um, dreht sich das Molekül wie von Geisterhand mit. Die Mikrowellenstrahlung ist ein solch äußeres hochfrequentes Wechselfeld, das mit seinen Schwingungen genau auf Wassermoleküle abgestimmt ist. Bei diesem Hin- und Herschwingen reiben sich die Moleküle aneinander. Dabei entsteht Wärme. Wo in der Speise dagegen kein Wasser vorhanden ist, bleibt es eher kalt. Das ist der Grund, warum nach dem Aufwärmen in der Mikrowelle der Teller kalt, die Suppe aber heiß ist. Der Teller erwärmt sich über die Wärmeleitung durch die heiße Suppe.

Kann Fleisch in die Mikrowelle?

Im Gegensatz zu den Bratgegenständen Herd und Backofen werden die Lebensmittel in der Mikrowelle über das in den Speisen enthaltene Wasser gegart. Hervé This hat in seinem Pariser Labor ein ganz neues Rezept für »Ente à l'orange« für die Mikrowelle entwickelt. Braten Sie dafür zuerst in einer Pfanne gepfefferte Entenschenkel sehr scharf und kurz an, um eine braune Kruste zu erhalten. Anschließend tupfen Sie das überschüssige Fett mit Küchenpapier ab. Ziehen Sie dann etwas Orangenlikör in einer Spritze auf und spritzen Sie damit die Schenkel oder Keulen. Das Wasser-Alkohol-Gemisch schützt das Fleisch vor dem Austrocknen. Nun kommt es für 5 – 8 Minuten in die Mikrowelle. Dabei wird das Entenfleisch quasi von innen durch den Dampf gegart und vom Orangenaroma durchzogen.

Ein Streifzug durch die moderne Küchentechnik

Immer mehr Küchen verwandeln sich heute in Hightech-Bezirke, in denen das handwerkliche Zubereiten der Speisen immer einfacher wird. Doch bereits die verschiedenen Arten von Herden – Elektroherd, Gasherd und Mikrowelle – stellen hochkomplexe technische Systeme dar. Wie sind die in ihnen ablaufenden Prozesse naturwissenschaftlich zu verstehen? Und welche Vor- und Nachteile haben die verschiedenen Zubereitungsweisen in diesen so alltäglichen Geräten?

Elektroherd und Glaskeramik

Betrachten wir eine gewöhnliche elektrisch betriebene Herdplatte. In ihrem Innern befinden sich elektrische Widerstände (Heizdrähte). Wird nun Strom durch diese Drähte geleitet, erwärmen sich diese aufgrund des elektrischen Widerstands und die Herdplatte wird heiß. Es sind mehrere Widerstände in einer Platte vorhanden, damit die Temperatur geregelt werden kann. Bis es heiß wird, vergeht beim Elektroherd im Gegensatz zum Gasherd etwas mehr Zeit. Dies erklärt sich daraus, dass die Herdplatte zuerst aufgeheizt werden muss. Umgekehrt wird aber auch mehr Wärme in der Platte gespeichert (Wärmekapazität), und man kann die elektrische Platte schon

Gute Messer sollten vor allem scharf und robust sein. Alles andere ist Geschmackssache

früher ausschalten – sie wird noch einige Minuten heiß bleiben.
Was passiert aber bei Glaskeramik- beziehungsweise Ceranfeldern? Diese Herdarten sind mittlerweile in deutschen Haushalten sehr beliebt und gängig, die glatten und kantenfreien Kochplatten erwiesen sich als pflegeleichter als die herkömmlichen Elektroherdplatten. Das Besondere bei Ceran sind seine Materialeigenschaften. Ceran ist nämlich nicht einfach Glas, sondern Glaskeramik, und diese kann hervorragend Wärmestrahlung durchlassen. Dicht unter den Ceranfeldern, in etwa 5 Millimeter Abstand, befinden sich elektrische Heizspiralen oder Halogenlampen. Glaskeramik lässt die produzierte Wärme quasi verlustfrei hindurch.

FÜR BESSERWISSER

Die Qual der Wahl: Messervielfalt

Profiköche wissen: Messer ist nicht gleich Messer. Gute Schneideutensilien sollten vor allem scharf sein, nicht rosten und lange halten. Bei der Messerfrage lautet die Qual der Wahl: europäisch oder japanisch? Nicht für jeden Hobbykoch müssen es aber gleich die Klingen eines asiatischen Sushimeisters sein. Japanische Messer sind extrem scharf, jedoch nicht sehr robust. Mit ihnen lassen sich die Fasern im Fleisch leichter trennen, das Fleisch verliert beim Schneiden keinen Saft und bleibt zart. Europäische Messer sind im Gegensatz zu den asiatischen robuster und nicht ganz so scharf. Zu empfehlen sind diese Messer für Köche, die ihr Essen schnell zubereiten, und die für die Pflege weniger Zeit investieren möchten.

Der Induktionsherd

Und wie funktioniert der so genannte Induktionsherd? Wie der Name schon sagt, nutzt man bei diesem neuen Herdtyp das physikalische Phänomen der Induktion: Unter der Glaskeramik befindet sich eine Induktionsspule, die von einem hohen Strom durchflossen wird. Dieser Wechselstrom verursacht ein sich schnell änderndes Magnetfeld, das auch den metallischen Boden des Topfes erreicht. Das magnetische Wechselfeld verursacht im Topfboden naturgemäß eine elektrische Spannung und diese wiederum einen Induktionsstrom (Wirbelstrom). Dieser Strom erwärmt den Boden des Topfes sehr schnell, und schließlich kommt es dadurch auch zur erwünschten Erwärmung des Kochgutes.

Gas- und Mikrowellenherde

Beim Gasherd wird über chemische Energie das Bratgut beziehungsweise der Topf erwärmt. Das Gas verbrennt unter kontrollierten Bedingungen mit dem Sauerstoff. Dabei entstehen sehr hohe Temperaturen – man kann die Flamme sehen. Durch die chemische Reaktion werden die Gasmoleküle zur Bewegung angeregt, diese Bewegung wird auf die Moleküle des Topfes übertragen und damit steigt seine Temperatur an. Der Vorteil des Gasherdes besteht in der hohen Temperatur, die in kürzerer Zeit erreicht werden kann. Wenn man die Flamme aber etwas zurückdreht, sinkt auch sofort der Wärmeübertrag.

Im Prinzip sind alle Mikrowellenherde identisch konstruiert. In einer Vakuumröhre (Magnetron) werden Elektronen zum Schwingen angeregt, dabei entstehen Mikrowellen. Diese müssen nun auf das Gargut gerichtet werden. Dabei gibt es zwei Verfahren: Entweder wird ein dünner Strahl horizontal durch den Garraum gerichtet – dabei kann aber nur ein kleiner Querschnitt der Speise durchdrungen werden. Deshalb ist die Speise auf einem Drehteller platziert, sodass sie sich allmählich vollständig durchwärmt. Eine andere Möglichkeit besteht darin, den Mikrowellenstrahl auf einen rotierenden, reflektierenden Spiegel zu richten. Dieser Spiegel befindet sich oberhalb des Garraums und die Strahlen dringen dann von oben in das Gargut ein.

Gute alte Backöfen

An Ober- und Unterseite des elektrischen Backofens befinden sich Heizdrähte, die diesen erwärmen. Viele glauben, dass die Wärmestrahlung im Backofen zu einer Erwärmung des Bratens führt. Da jedoch die Intensität der Wärmestrahlung stark von der Entfernung abhängig ist, wäre das Verfahren äußerst ineffizient, und es dauerte relativ lange, bis eine Kruste entstünde. Im Backofen wird die Wärme vielmehr über Wasserdampf übertragen. Praktisch alle Rezepte für einen Braten erfordern etwas Wasser, das man in die Bratpfanne gibt oder das vom Gargut abdampft. Dieses Wasser wird über den Backofenrost und zu einem geringen Anteil über die Infrarotstrahlung erwärmt. Hat sich genü-

FÜR BESSERWISSER

Nichts kommt an Teflon ran …
Teflon ist ein Handelsname für den Hochleistungskunststoff Polytetrafluorethylen (PTFE). Der Kunststoff ist wegen seines sehr hohen Fluorgehaltes besonders beständig gegenüber Chemikalien und hohen Temperaturen. Die bekannteste Anwendung ist sicherlich die Antihaftbeschichtung in Pfannen und Töpfen. Die berühmte Frage »Wenn nichts an Teflon haftet, wie haftet das Teflon dann an der Pfanne?« ist leicht zu beantworten: Das Metall der Pfanne wird angeraut, beispielsweise mechanisch durch Sandstrahlen oder chemisch durch Säuren. Danach wird das PTFE mit Druck aufgetragen und so von den zahllosen kleinen Unebenheiten der Pfanne festgehalten.

gend Wasserdampf gebildet, wird über diesen Wasserdampf die Wärme zwischen den heißen Wänden und dem kälteren Braten ausgetauscht, der heiße Dampf gerät an den kalten Braten. Deshalb sollten Sie immer, wenn Sie den Backofen öffnen, auf den entweichenden Dampf achten. Es braucht immer wieder einige Zeit, bis sich ausreichend neuer Dampf gebildet hat.

Ein Problem eines herkömmlichen Backofens besteht darin, dass ein Backblech den Austausch zwischen Ober- und Unterhitze verhindert. Beim Heißluftherd wird deshalb zusätzlich die Umschichtung zwischen dem heißen und dem kalten Dampf im Backofen herbeigeführt. Ein kleiner Ventilator im Inneren des Backrohrs sorgt dafür, dass die Luft beziehungsweise der Dampf in Bewegung gerät. Dabei kommt es zu einer besseren Durchmischung der Luftteilchen und damit zu einer besseren Wärmeübertragung. Durch die bessere Vermengung des Dampfes können mehrere Backbleche gleichzeitig eingeschoben werden. Die Wärme wird besser verteilt.

Kochen wie die Profis

Kochen ist ein Handwerk. Und wie jeder Handwerker sind auch Köche auf gutes Werkzeug angewiesen. Material, Form und Verarbeitung der Töpfe und Pfannen entscheiden mit darüber, ob ein Gericht gelingt. Bei der Materialauswahl sind Wärmeverhalten und Wärmeleitfähigkeit entscheidend.

Der für Säure und Rost unanfällige und pflegeleichte Edelstahl (meist Chrom-Nickel-Stahl) hat sich als Material für »Basistöpfe« in

Kupfertöpfe leiten Wärme gut und haben zudem eine nostalgische Note

den meisten Küchen durchgesetzt; wegen seiner schlechten Wärmeleitfähigkeit muss er aber mindestens im Bodentopf ein anderes, wärmeleitfähiges Material (Kupfer oder Aluminium) einschließen. Eisen ist ein sehr guter Wärmeleiter, der schnell auf die Zu- und Abnahme von Kochhitze reagiert – besonders für Bratpfannen, bei denen es auf scharfes Anbraten ankommt, etwa bei Steak, eine unschätzbare Eigenschaft. Die thermische Eigenschaft von Eisen wird durch die Intensität seiner mechanischen Bearbeitung noch verstärkt; ganz vorne stehen hier handgeschmiedete Bratpfannen. Gusseisen ist zwar langsam wärmeleitend, dafür aber ein hitzespeicherndes Material, das Wärme lange und konstant hoch hält. Gusseisentöpfe sind ideal zum Schmoren und Köcheln. Kupfer ist als Wärmeleiter und -verteiler für Töpfe und Bratgeschirre das herausragendste Material. Auf Temperaturveränderungen reagiert es sofort, in keinem anderen Topf kann Hitze so fein und so rasch dosiert werden. Kupfernes Kochgeschirr muss aber wegen möglicher chemischer Reaktionen innen immer mit einem neutral reagierenden Metall ausgeschlagen werden.

FÜR BESSERWISSER

Unterschiedliche Töpfe ...

Neben vielen verschiedenen Materialien für Kochtöpfe haben sich auch unterschiedliche Formen durchgesetzt. Bekannt ist die Kasserolle, der Stieltopf, der nur einen Griff aufweist. Weniger gängig ist die Kokotte, ein größeres Kochgefäß mit zwei Henkeln, das aus Frankreich stammt. In der Schweiz wird der Begriff »Pfanne« übrigens für jegliche Topfart verwendet, die uns bekannte Pfanne heißt dort immer »Bratpfanne«.

Glossar

Aminosäuren: Bauteile von Proteinen. Man kennt derzeit 23 verschiedene Aminosäuren. Für den Menschen essenziell sind die acht Aminosäuren Isoleucin, Leucin, Lysin, Methionin, Phenylalanin, Threonin, Trytophan und Valin. Sie können vom Körper nicht selbst gebildet werden und müssen mit der Nahrung zugeführt werden.

Antioxidanzien: Stoffe, die freie Radikale im Organismus abbauen. Dazu zählen die Vitamine A, C, E, Beta-Karotin und das Spurenelement Selen. In der Lebensmitteltechnik werden Antioxidanzien als Zusatzstoffe eingesetzt. Sie wirken dem Verderb von Nahrungsmitteln durch Sauerstoff, Licht und Metallspuren entgegen.

Aromastoff: Natürlich vorkommende oder künstlich hergestellte Substanz zur Geschmacksverleihung oder -verstärkung von Lebensmitteln und Getränken (zum Beispiel Bonbons, Kaugummi oder Limonade).

Ballaststoffe: Organische Rückstände pflanzlicher Lebensmittel, die im Magen-Darm-Trakt von den Verdauungssäften nicht abgebaut und vom Körper deshalb nicht resorbiert werden können. Man unterscheidet wasserlösliche (in Obst, Gemüse und Hülsenfrüchten) und wasserunlösliche Ballaststoffe (in Vollkorngetreide).

Brühe: Grundlage von Suppen und Soßen. In Frankreich werden Brühen als Bouillon bezeichnet, Geflügel-, Wild- und Fischbrühen als Fond.

Cholesterin: Fettähnlicher Stoff, der einerseits aus der Nahrung aufgenommen, aber auch in der menschlichen Leber gebildet wird. Cholesterin kommt ausschließlich in tierischen Nahrungsmitteln vor. Man unterscheidet zwischen »gutem« (HDL = High Density Lipoprotein) und »schlechtem« (LDL = Low Density Lipoprotein) Cholesterin.

Dünsten: Garmethode, bei der das Gargut in einem geschlossenen Gefäß in wenig Wasser zubereitet wird.

Einfach ungesättigte Fettsäuren: Fettsäuren, die der Körper selbst bilden kann. Sie haben nur eine einfache Doppelbindung, das heißt zwei benachbarte Kohlenstoffatome, die nicht vollständig mit Wasserstoff abgesättigt sind. Einfach ungesättigte Fettsäuren aus Oliven- und Rapsöl senken das LDL-Cholesterin, ohne den gefäßschützenden HDL-Anteil zu minimieren.

Emulgator: Stoff, der die Bildung einer Emulsion bewirkt. Emulgatoren gehören zur Stoffgruppe der Tenside, das heißt, sie sind aus einem hydrophilen (wasserfreundlichen) und einem hydrophoben (fettfreundlichen) Teil aufgebaut.

E-Nummer: Da die Europäische Union das Verfahren zur Zulassung vereinheitlicht hat, wurden Zusatzstoffe für Lebensmittel einheitlich mit Nummern bezeichnet. Das E steht für Europäische Union.

Farbstoffe: Substanzen, die zum Färben von Lebensmitteln verwendet werden können (Zusatzstoffe). Man unterscheidet zwischen natürlichen und künstlichen Farbstoffen.

Fermentation: Chemische Umwandlung (Gärung) von Stoffen durch Bakterien und Fermente. Fermente beschleunigen Stoffwechselvorgänge im Körper (zum Beispiel Verdauungsprozesse).

Freie Radikale: Moleküle, die ein oder mehrere ungepaarte Elektronen besitzen. Sie werden als natürliche Stoffwechselprodukte permanent im Körper produziert und erfüllen lebenswichtige Aufgaben. Allerdings können Umweltbelastungen, Ernährungsmängel, körperlicher oder seelischer Stress zu einer unkontrollierten Produktion freier Radikaler führen. Übersteigen sie eine gesunde Konzentration, spricht man von »oxidativem Stress«. Die Natur hat einen Selbstschutz entwickelt, die Antioxidanzien.

Flavonoide: Pflanzenfarbstoffe, die Pflanzen eine rote, violette oder blaue Färbung verleihen. Die sekundären Pflanzenstoffe hemmen das Wachstum von Bakterien und Viren, schützen die Zellen vor freien Radikalen, Krebs und Herzinfarkt, wirken entzündungshemmend und beeinflussen die Blutgerinnung.

Functional Food: Englische Bezeichnung für funktionelle Lebensmittel. Darunter versteht man Lebensmittel, die dem Konsumenten einen zusätzlichen gesundheitlichen Nutzen bringen, der über den ernährungsphysiologischen Nutzen der darin normalerweise enthaltenen Nährstoffe hinausgeht.

Garen: Zubereitungstechnik zur Haltbarmachung von Lebensmitteln mithilfe von Wärme.

Gärung: Ein enzymatischer Abbau organischer Stoffe unter Ausschluss von Sauerstoff. Abhängig von den entstehenden Endprodukten unterscheidet man die Alkohol-, die Milchsäure- und die Buttersäuregärung.

Gelatine: Gelatine (lateinisch »gelare« = erstarren) ist ein natürliches Lebensmittel, durchsichtig, geruchs- und geschmacksneutral, das in der Küchenpraxis vielfach zum Einsatz kommt. Es wird aus Kollagen produziert, das unter anderem aus den Knochen, dem Knorpel, den Sehnen und der Haut von Nutztieren gewonnen wird. Nach einem aufwändigen Produktionsverfahren bleibt ein gelbliches Pulver zurück.

Gelier- und Verdickungsmittel: Substanzen, die Lebensmitteln entweder durch Gelbildung oder durch Verdickung eine bestimmte Konsistenz geben. Sie gelten als Lebensmittelzusatzstoffe. Gelier- und Bindemittel werden sowohl in der Küche als auch in der Lebensmittelindustrie verwendet. Die in der Küche üblichsten Gelier- und Bindemittel sind Gelatine, Eigelb, Mehlschwitze und Pektin.

Gesättigte Fettsäuren: Sind bei einer Fettsäure alle Kohlenstoffatome mit Wasserstoffatomen abgesättigt, so spricht man von gesättigten Fettsäuren. Sie erhöhen den Blutcholesterinspiegel und stellen deshalb einen Risikofaktor für Herz-Kreislauf-Erkrankungen dar. Enthalten sind sie vor allem in festen Fetten wie Butter, Schmalz, Fleisch- und Wurstwaren.

Geschmacksverstärker: Natürlich vorkommende oder künstlich hergestellte organische Substanzen, die den Geschmack von Lebensmitteln abrunden oder verstärken können, zum Beispiel Glutamat.

GVO: Genetisch veränderter Organismus. Die Verwendung genetisch veränderter Organismen und der daraus hergestellten Produkte bedürfen einer Genehmigung. Die resultierenden Produkte sind als GVO-Produkte zu kennzeichnen (gentechnisch verändert oder genetisch verändert).

Homogenisation: Milch und Rahm werden in der Regel homogenisiert. Dabei werden die in der Milch enthaltenen Fettkügelchen mechanisch so weit zerkleinert und gleichmäßig verteilt, dass keine Aufrahmung mehr erfolgt.

Karotinoide: Pflanzliche Farbstoffe, die hauptsächlich in roten, orangefarbenen und gelben Früchten und

Gemüsesorten vorkommen. Auch einige grüne Gemüse wie Brokkoli, Spinat oder Grünkohl enthalten diesen sekundären Pflanzenstoff. Karotinoide wirken antioxidativ und krebsvorbeugend.

Kochen: Im Allgemeinen ein Vorgang, der die Speisenzubereitung inklusive Vorbereitung und Garnierung umfasst. Im Speziellen Garmethode, bei der Rohstoffe in siedendem Wasser bei etwa 100 °C zubereitet werden.

Konserven: Durch Dörren, Erhitzen, Gefrieren und Tiefkühlung, Einsalzen oder natürliche Säuerung haltbar gemachte Lebensmittel.

Konservierungsmittel: Natürliche oder künstlich hergestellte Substanzen, die das Wachstum von Mikroorganismen (Bakterien, Schimmel) in Lebensmitteln verhindern oder verzögern.

Laktose: Milchzucker, der zu je einem Teil aus Traubenzucker und Galaktose (Schleimzucker) besteht. Milchzucker kommt nur in Milch, Milchprodukten und in geringen Mengen in Hartkäse vor. Milchzucker spielt bei der Sauermilcherzeugung die Schlüsselrolle.

Lebensmittel: Lebensmittel sind nach dem Lebensmittel- und Bedarfsgegenständegesetz »alle Stoffe, die dazu bestimmt sind, zum Zweck der Ernährung oder des Genusses in rohem, zubereitetem, be- oder verarbeitetem Zustand von Menschen aufgenommen zu werden«.

Lebertran: Ein Öl, das aus der Leber von Kabeljau, Dorsch und Schellfisch gepresst oder durch Erwärmung gewonnen wird. Es besteht aus leicht verdaulichem Fett, enthält Jod, Phosphor, Vitamin A und D und wird als Stärkungsmittel besonders bei Kinderkrankheiten und Unterernährung benutzt.

Lecithin: Bestandteil von Zellen in Pflanzen und Tieren, das im Fettstoffwechsel eine wesentliche Rolle spielt. Lecithin wird in Lebensmitteln als Emulgator verwendet. Gewonnen wird es zu einem großen Teil aus Sojabohnen.

Maillard-Reaktion: Eine ganze Reihe chemischer Reaktionen, die zwischen Zucker und Proteinen ablaufen. Sie werden manchmal auch als Bräunungsreaktionen bezeichnet, da sie stets ablaufen, wenn Lebensmittel gebraten werden.

Mehrfach ungesättigte Fettsäuren: Fette oder Öle mit einem hohen Gehalt an mehrfach ungesättigten Fettsäuren eignen sich ausschließlich für die Zubereitung kalter Speisen (Salatsoßen, mariniertes Gemüse). Sie haben einen positiven Einfluss auf den Blutcholesterinspiegel und vorbeugende Wirkung auf Herz-Kreislauf-Erkrankungen.

Marinieren: Einlegen von Fleisch, Gemüse oder Obst in Flüssigkeiten, um sie zu konservieren oder um ihren Geschmack anzureichern.

Mykotoxine: Giftstoffe, die von Schimmelpilzen gebildet werden. Der Gesetzgeber hat für die am meisten gefährdeten Lebensmittel (Ölsaaten) entsprechende Grenzwerte festgelegt. Zu den Mykotoxinen gehören das Patulin (in faulendem Obst und Gemüse) und das Ochratoxin (in Getreide).

Natron: Volkstümliche Bezeichnung für Natriumbikarbonat beziehungsweise Natriumhydrogenkarbonat (E 500b). Es handelt sich um ein weißes, geruchfreies, an trockener Luft beständiges Pulver. Es zerfällt bei Erwärmung auf über 65 °C zu Kohlendioxid und Wasser und eignet sich deshalb als Triebmittel für Backwaren (Backpulver) sowie als Bestandteil von Brausetabletten.

Nitrosamine: Nitrosamine entstehen durch Reaktion von Aminen und Nitrit. Nitrosamine sind starke Karzinogene, das heißt sie haben eine krebsauslösende Wirkung.

Omega-3-Fette: Die Omega-3-Fette gehören zu den mehrfach ungesättigten Fettsäuren. Sie müssen dem menschlichen Körper mit der Nahrung zugeführt werden. Wichtigste Quelle für die Omega-3-Fettsäuren sind fette Meeresfische, und zwar vor allem die, die in kalten Gewässern leben: Makrele, Thunfisch, Sprotte, Hering und Lachs.

Oxalsäure: Wasserlösliche organische Säure. Größere Mengen wirken durch die Störung des Kalziumstoffwechsels giftig. Oxalsäure gehört zu den verbreitetsten Pflanzensäuren und findet sich vor allem in Sauerklee und Sauerampfer sowie in Rhabarber.

Pasteurisation: Thermische Behandlung bei einer Temperatur von mindestens 63 °C zur Abtötung von pathogenen Keimen. Das Verfahren wurde nach Louis Pasteur, dem Begründer der Mikrobiologie, benannt.

Pektin: Gelierende Pflanzenstoffe in Früchten, Wurzeln und Blättern. Wird zur Konfitürenherstellung benutzt. Pektin wird als Zusatzstoff mit der E-Nummer 440 deklariert.

Probiotika: Lebensmittel, die lebende Mikroorganismen enthalten, meist Milchsäurebakterien. Zur Herstellung von probiotischen Lebensmitteln werden die Milchsäurebakterien Lactobacillus acidophilus und Lactobacillus casei verwendet.

Protein: Lange Moleküle, die durch das Aneinanderreihen vieler Aminosäuren entstehen.

Säure: Im Lebensmittelbereich ein natürlicher oder künstlich hergestellter Zusatzstoff, der den Geschmack eines Lebensmittels verändert und oft als Konservierungsstoff wirkt (Zitronensäure, E 330, und Essigsäure, E 260).

Schmoren: Garmethode, bei der die Nahrungsmittel erst angebraten und später gekocht werden.

Sekundäre Pflanzenstoffe: Mehr als 30 000 verschiedene Substanzen, die ausschließlich von Pflanzen gebildet werden. Sekundäre Pflanzenstoffe üben im menschlichen Körper zahlreiche Schutzfunktionen aus. So können sie das Immunsystem stärken, den Körper vor freien Radikalen schützen und Krankheitserreger abtöten.

Soufflé: von französisch »souffler« = blasen, aufblasen; zarte, lockere Aufläufe aus Eiern, deren luftige Höhe hauptsächlich aus geschlagenem Eiweiß besteht.

Sterilisation: Erhitzungsverfahren, das sicherstellt, dass Lebensmittel unter normalen Lagerbedingungen nicht verderben.

Süßstoffe: Natürliche oder synthetische Verbindungen, die einen süßen Geschmack, aber keinen oder zu vernachlässigenden Nährwert besitzen (»non nutritive sweeteners«).

Tiefkühlung: Lagerung bei -18 °C oder tiefer; kurzfristig darf diese Temperatur beim Transport oder beim Abtauen von Tiefkühlgeräten auf -15 °C ansteigen. Tiefgekühlte Lebensmittel sind länger haltbar als herkömmlich aufbewahrte.

Zusatzstoffe: Stoffe, die bei der Herstellung von Lebensmitteln zur Erzielung bestimmter Eigenschaften oder Wirkungen verwendet werden. Zu den Zusatzstoffen gehören Farbstoffe, Antioxidanzien, Konservierungsmittel, Emulgatoren, Gelier- und Verdickungsmittel, Trennmittel, Säuren, Salze, Aromen, Geschmacksverstärker und Enzyme.

Stichwortverzeichnis

Abschlagen 142
Acrylamid 50, 136
Adrià, Ferran 21, 23 f.
Agar-Agar 73
Aldehyde 66
Aminosäuren 70 f.
Ampelgemüse 40
Amylopektin 64 f.
Amylose 64 f.
Antioxidanzien 39
Apicius 11
Appert, Nicolas 16
Arzak, Juan Mari 23
Auslassen 142

Backofen 150
Backpulver 52, 82
Ballaststoffe 37
Bardieren 142
Barham, Peter 22
Beauvilliers, Antoine 29
Benzpyrene 137
Berzelius, Jöns Jakob 70
Bio-Produkte 44
Bistro 29
Blanchieren 141
Blumenthal, Heston 21 f., 36
Bocuse, Paul 24
Boulanger 29
Boullion 32
Boyle, Robert 14
Brillat-Savarin 17
Brokkoli, grüner 31
Brot 50
Brotbacken 84 f.
BSE 136
Buchweizen 126

Café Foy 29
Cardamus, Hieronymus 102
Carême, Antonin 16
Cholesterin 40 f.
Cuisine Impromptue 16
Da Como, Martino 14
Dampfdruck-Kochtopf 14
Dämpfen 140
De Re Coquinaria 11
DFD-Effekt 105
Diffusion 95 f.
Dinkel 126
Dressieren 142

Ei, perfektes 26, 53
Eintöpfe 12
Eischnee 80 f.
El Bulli 21, 23
Elektroherd 148
Emulgator 97
E-Nummern 45
Enzyme 39, 64
Ernährungswissenschaft 17
Escoffier, Auguste 16
Essgewohnheiten, landestypische 9

Fastfood 18 f.
Fette 57 ff., 114
Fettsäuren 38
Fisch 49, 116 f.
Flambieren 142
Fleisch 49, 104 f., 113 ff.
Fleischextrakt 15
Fleischsorten-Übersicht 114
Foliengaren 140
FOSHU-Siegel 69
Freie Radikale 39, 130 f.
Fressgelage, mittelalterliche 11
Frittieren 140
Funktionelle Lebensmittel 68 f.

Galenus 10 f.
Gänsebraten 30
Garküchen 11
Gartechniken 139 ff., 145
Gärung, alkoholische 133
Gasgesetze 14
Gasherd 150
Gefrierbrand 107
Gelatine 72 f.
Gentechnologie 74
Geruch 111 f.
Getreide 126
Gewürze 34 f.
Glasieren 141
Glaskeramik 148
Glukosinolate 119
Gluten 127 f.
Grande Cuisine 13
Grillen 140 f.
Gruber, Werner 52

Haute Cuisine 16 f.
Hefe 132

Induktionsherd 148

Joghurt 124
Juvenal 11

Karamellisierung 67
Karotinoide 40, 118
Kartoffeln 48
Käse 123 f.
Käsebruch 123
Kefir 125
Knigge 12
Kochbücher 14
Kochtemperatur-Übersicht 89
Kohlenhydrate 50, 66
Kollagen 72 f.
Konserven 15
Konservierungsverfahren 100 ff., 106
Konvektion 95
Küchenlatein 142 f.
Küchentechnik, moderne 148 f.
Kupfertöpfe 152

L'Art du cuisinier 29
Lavoisier, Antoine 14
Lebensmittel
- chemie 17
- infektionen 137
- zusatzstoffe 42 ff., 46
Lectine 90
Legieren 142
Lecithin 40 f.
Liebig, Justus von 15, 51 f.

Ludwig XIV. 13
Lukullus 11

Maillard, Louis Camille 77
Maillard-Reaktion 52, 76 ff.
Mangelerkrankungen 38
Marinieren 143
Mayonaise 24, 31 f., 51, 96
Mazeration 101
McDonalds 18
Medici 12 f.
Mediziner-Trick 31
Mehl 126 f.
Mehlbutter 129
Mehlschwitze 129
Messer 149
Mikrowelle 146 f.
Milch 45, 120 ff.
Mineralien 39
Molekulargastronomie 20 f., 24 f., 30, 51

Nahrungsmittelindustrie 15
Nationale Küchenakademie 27
Natron 83
Nitrat 136
Nitrofen 136
Nitrosamine 136
Nouvelle Cuisine 21, 24
Novel-Food-Verordnung 74
Nudeln 48 f.

Omega-3-Fett 60 f.
Osmose 33, 100

PAKs 137
Paracelsus 14
Pasteur, Louis 132
Pasteurisierung 122
Pektin 73
Pestizide 136
Petrini, Carlo 19
Pflanzenstoffe, sekundäre 118
PH-Wert Fleisch 116
Phytinsäure 40
Phytoöstrogene 40, 119
Pochieren 140
Pökelfleisch 99
Polyphenole 40
Protease-Inhibitoren 40
Proteine 65, 70, 72, 115
PSE-Fleisch 105
Quark 123

Räuchern 100, 102 f.
Reis 48
Restaurants 16, 28
Rezepte
- Mayonnaise 98
- Avocadomus mit Roquefort 135
- Butter 59
- Gegrilltes Gemüse 94
- Käsewindbeutel 128
- Orangenwein 101
- Sauerteig, einfacher 134
- Schokomuffins 83
- Speiseeis 109
- Vinaigrette 98
- Zuckergebäck 63
Römertopf 141

Saccaride 62 f.
Salz 144
Saponine 119
Sauerteig 85, 34
Schadstoffe 136 f.
Schäume 79
Schimmel 134, 137
Schimmelkäse 135, 137
Sekundäre Pflanzenstoffe 118
Slowfood 18 f.
Soufflé 81
Spurenelemente 39
Stärke 65
Steak 33
Sterilisieren 15

Teflon 151
Terpene 119
The Fat Duck 21 f., 36
This, Hervé 20, 24 ff., 31, 147
Tischetikette 12
Tomaten 74 f.
Tontopf 141
Töpfe 152
Trennkost 12
Véry 29
Viersäftelehre 10
Vilgis, Thomas 27
Vinaigrette 32
Viskosität 98
Vitamine
- fettlösliche 38
- wasserlösliche 38

Wärme 87 ff., 145
Wärmeleiter 146
Wasserdampf 88
Würstchen 36

Zuckerbackwerk 12 f.
Zuckerwatte 67